イラストでわかる!
クラシックの楽しみ方

中川右介

SBビジュアル新書

はじめに

　クラシック音楽は「グローバルな人材に求められる教養」のひとつと言われています。基本的なことは中学の音楽の授業で学んでいるはずですが、忘れている人も多いようです。

　クラシック音楽には長い歴史があり、いろいろな国の作曲家と演奏家がいます。同じ曲でも演奏によって違うとか、「知らなければならないこと」が多い印象があります。

　クラシックは奥が深い。しかし、最初から全てを知るなんて無理なわけです。そこで、奥が深い世界へ入るための道案内として作られたのがこの本です。

　クラシックはピアノやオーケストラなど楽器だけで演奏される曲が大半なので、J-POPやロックの「歌」に慣れている耳には、長く、退屈で難解な印象があります。「きれいなメロディーだな」とは感じても、それが何を描いているのか分からない。「分からなくていい、感じればいい」という考え方もあり、たしかにそうなのですが、やはり分かりたいものです。

　本書の構成は、まず1章で、使用される楽器の種類やオーケストラの構成など基本的なことを解説します。2章では、音楽をつくる要素と、楽曲の形式を紹介します。

　後半の3・4章では、主要な17人の作曲家の生涯と代表曲を紹介し、さらに25人の作曲家の代表曲を紹介します。また世界史上の事件とリンクさせて、音楽史も概観します。

　コンサートで演奏される曲の8割は50人くらいの作曲家の曲です。CDでも同じです。ビジネスには上位2割が全売上の8割

を占めているという法則がありますが、クラシック音楽も同じです。つまり、上位2割を知っていれば、全体の8割を知ったことになるのです。

この本で紹介した作曲家は合計42人ですから、学校の1クラスくらい。進級してクラス替えがあり、新しいクラスメートたちの名前と顔と性格を覚えるつもりでトライしてみてください。「親友」になりたい作曲家が見つかれば、より深く知ればいいし、こういう人は苦手だと感じたら、別に友だちになる必要はありません。

音楽の歴史の順に聴いていくのもひとつの方法で、音楽が何となく変化してきたことが分かります。すごく気になる作曲家にぶつかったら、その人の曲を徹底的に聴くのもひとつの方法です。あるいは、ひとつの曲をいろいろな演奏家で聴いて、その「差異」を楽しむのも、クラシック音楽の楽しみ方のひとつ。

「何が名曲かは分かったけど、誰の演奏で聴いたらいいのか」という質問をよく受けます。たしかにコンサートは料金も高いので、慎重に選びたい。しかし、ただで聴ける音源がネット上にいくらでもあるので、あまり深く考えずに、とにかく聴いてみてください。演奏の違いが分かるのは、次の段階です。

この本はあくまで、ガイドブックです。旅行ガイドを読んだだけでは旅したことにならないように、ぜひ聴いてみてください。そしてガイドブックに書いていないことを発見するのが、旅の楽しみであるように、自分の耳で、発見してください。

Contents

はじめに 2

第1章 クラシックの基礎知識 ... 9

■そもそもクラシック音楽とは？
- 歴史は400年、地域は欧米 10
- バロック音楽からロマン派まで 12

■楽器にはどんな種類がある？
- 弦楽器 16
- 金管楽器 18
- 木管楽器 20
- 打楽器・鍵盤楽器 22

■オーケストラの配置
- ストコフスキー配置と対向配置とは 26

■楽器の編成と曲の形式
- オーケストラと交響曲 28
- 交響曲の一般的な構成 30
- 交響曲以外の形式 31
- 室内楽 32
- 独奏曲 34
- 声楽曲 36

■指揮者は何をしているのか
- 指揮者の役割 38
- 楽譜とは演劇の台本のようなもの 39
- 専業指揮者が必要な理由 40
- 指揮者に問われる能力 40

第2章 曲の聴き方

■曲の聴き方
- クラシック音楽の聴き方 …………………………… 44
- 絶対音楽と標題音楽 ………………………………… 46

■コンサートのプログラム
- オーソドックスなパターン ………………………… 48

■音楽の要素を知ろう
- 作曲は数学? ………………………………………… 50
- 音名とは ……………………………………………… 51
- 長調と短調 …………………………………………… 51
- リズムと拍子 ………………………………………… 52

■曲の構造を知ろう
- ソナタ形式 …………………………………………… 53
- カノンとフーガ ……………………………………… 54
- ロンド形式 …………………………………………… 55

■コンサートホールのいろいろ
- クラシック音楽専用ホールとは …………………… 56
- シューボックス型 …………………………………… 57
- ワインヤード型 ……………………………………… 58
- コンサートホールとオーケストラ ………………… 60
- オペラハウスの構造 ………………………………… 62

■コンサートホール以外のクラシック
- 自宅・移動中に楽しむクラシック ………………… 64
- 音楽祭に行ってみよう ……………………………… 66

第3章 作曲家とその時代（バロック〜古典派） 69

■作曲家年表 ... 70
■作曲家たちの時代背景を知ろう
なぜ時代背景を知る必要があるのか ... 72
■バロック時代の社会と音楽
優雅で華やかな貴族の時代 ... 74
オペラの始まり ... 76
カストラートが活躍 ... 77
イタリアからフランス、イギリスへ ... 78
協奏曲の時代 ... 79
バッハはバロックらしくない？ ... 80
ヴィヴァルディ ... 82
ヘンデル ... 86
バッハ ... 90
■古典派時代の社会と音楽
啓蒙主義と革命の時代 ... 94
音楽家の新たな収入源 ... 96
ハイドンとイギリスの資本主義 ... 97
フランス大革命とモーツァルト ... 98
ベートーヴェンとナポレオン ... 99
交響曲が「意味のある音楽」へ ... 100
ストーリー重視になったオペラ ... 101
ハイドン ... 102
モーツァルト ... 106
ベートーヴェン ... 110

第4章 作曲家とその時代 (ロマン派〜近現代) *116*

■前期ロマン派時代の社会と音楽
ロマン派という精神の革命 ……………………………… *116*
音楽の巨大化と物語化 …………………………………… *118*
音楽家が世襲ではなくなる ……………………………… *119*
「名曲」と「名演奏家」の誕生 ………………………… *120*
パリが「芸術の都」に …………………………………… *121*
    シューベルト ………………………………………… *122*
    ショパン ……………………………………………… *126*
    リスト ………………………………………………… *130*

■後期ロマン派時代の社会と音楽
帝国と民族主義の時代 …………………………………… *134*
交響詩という新ジャンル ………………………………… *136*
ロシア5人組とチャイコフスキー ……………………… *137*
チェコと北欧の音楽家 …………………………………… *138*
ワーグナーとヴェルディのオペラ改革 ………………… *139*
    ワーグナー …………………………………………… *140*
    ブラームス …………………………………………… *144*
    チャイコフスキー …………………………………… *148*
    マーラー ……………………………………………… *152*

■近現代(20世紀)の社会と音楽
新メディアの登場と世界大戦 …………………………… *156*
フランスから始まる新しい音楽 ………………………… *158*
社会主義と音楽 …………………………………………… *159*
ナチスと音楽 ……………………………………………… *160*

国家か企業か *161*
　ドビュッシー *162*
　ラヴェル *166*
　ストラヴィンスキー *170*
　ショスタコーヴィチ *174*

さらに知っておきたいロマン派以後の 25 人の作曲家 *178*

Column

Column 1　音楽用語あれこれ　その1 .... *42*
Column 2　コンサートでのマナー *68*
Column 3　音楽用語あれこれ　その2 .... *114*

第1章
クラシックの基礎知識

そもそもクラシック音楽とは？

歴史は400年、地域は欧米

　「昔のヨーロッパの音楽」の全てがクラシック音楽ではない。クラシック音楽に含まれない「昔の音楽」もあるし、21世紀になってもクラシック音楽の「新曲」は作られているし、「日本人が作曲」したクラシック音楽もある。

　西洋音楽史では、18世紀後半にウィーンで活躍したハイドン、モーツァルト、ベートーヴェンたちを「古典派」、彼らの音楽を「クラシック＝古典」と呼ぶ。19世紀に活躍した音楽家や評論家たちが、自分たちの規範とするのはベートーヴェンたちで、彼らの音楽こそ「古典」だと考え、「古典派音楽」と呼んだので、クラシック音楽という概念が生まれたのだ。

　だから狭義の「クラシック音楽」とは、ハイドン、モーツァルト、ベートーヴェンの音楽のことだ。

　しかし、当然、「古典派」の前にも後にも音楽は存在した。広義の「クラシック音楽」の起点は1600年前後となる。日本史では関ヶ原の戦いの年で、戦国時代が終わる頃だ。

　クラシック音楽には、2つのルーツがあり、ひとつがキリスト教、もうひとつがオペラで、ともにイタリアにゆかりがある。キリスト教は世界中に教会のネットワークを築き、どの教会でも同じ曲を歌うために、「五線譜の楽譜」が発明され、これが西洋音楽の基礎となった。

　1600年前後に、イタリアのフィレンツェで音楽劇が生まれ、各地の王侯貴族たちの宮廷に歌劇団や楽団ができていった。

広義のクラシック

バロック(1600〜1750頃)

ヴィヴァルディ　ヘンデル　バッハ　　など

狭義のクラシック

古典派(1750頃〜1827頃)

ハイドン　モーツァルト　ベートーヴェン　など

ロマン派(19世紀)

シューベルト　ショパン

ベルリオーズ
メンデルスゾーン
シューマン
リスト　　など
ワーグナー
ブラームス
マーラー

フランス印象派

ドビュッシー　ラヴェル

国民楽派

チャイコフスキー

ドヴォルザーク
スメタナ
グリーグ
シベリウス
　　　など

近現代(20世紀)

ストラヴィンスキー　ショスタコーヴィチ

ガーシュウィン
サティ
シェーンベルク　など
ブリテン

バロック音楽からロマン派まで

　古典派前で最重要な音楽家がバッハだ。西洋音楽のあらゆる作曲技法を完成させた人で「音楽の父」と呼ばれる。1750年にバッハが死んだので、1600年からこの頃までをひとくくりにして、バロック音楽と呼ぶ。しかしその音楽はイタリアとドイツではかなり違うし、1650年頃と1750年頃とでもかなり異なり、バロック音楽全体に共通する特徴はない。このバロック時代の巨匠が、ヴィヴァルディ、ヘンデル、バッハ。

　バッハを継承し、さらに発展させたのが、ハイドン、モーツァルト、ベートーヴェンの「古典派」だ。

　19世紀に入ると、古典派に影響を受けつつも、新しい音楽が、「ロマン派」と呼ばれる、ベルリオーズ、シューベルト、ショパ

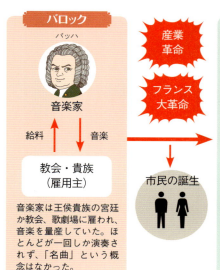

ン、シューマン、メンデルスゾーン、リストたちによって作られた。オペラではワーグナー、ヴェルディが活躍した。

19世紀終わりになると、イタリア、ドイツ、フランスだけでなく、東欧、北欧にも独自の音楽が生まれる。ロシアのチャイコフスキー、チェコのドヴォルザークなどが活躍した。

そして20世紀になると、アメリカやアジアでも西洋音楽の書法に基づいた音楽が生まれるようになり、今日にいたるのだ。

一方、ずっと昔から存在する民謡などの民俗音楽は、誰が作ったか分からず楽譜もないので、昔の音楽でも「クラシック音楽」とは呼ばれない。ポピュラー音楽は作曲者も特定できるし楽譜もあるが、これも「クラシック音楽」とは一線を画す。

「クラシック音楽」の範囲は広いが、よく演奏される曲、作曲家は限られている。

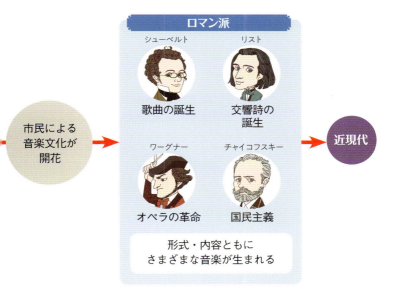

楽器にはどんな種類がある?

クラシック音楽で使われる楽器は、特別なものではない。ジャズやポップス、あるいは日本の演歌のバックで演奏される音楽で使われるのと同じ「西洋の楽器」だ。

クラシック音楽では、電気で増幅させる楽器は使わない曲が大半だが、「現代音楽」のなかには電子楽器を使う曲もある。さらには尺八や銅鑼など、東洋の楽器を使う曲もある。

最も有名なのがピアノとヴァイオリンだ。どちらもソロで演奏されることもあれば、数人の「室内楽」で演奏されることもある。ヴァイオリンはオーケストラの一員にもなる。

オーケストラは「管弦楽団」と訳されるように、管楽器と弦楽器で構成されている。さらに打楽器も加わる。

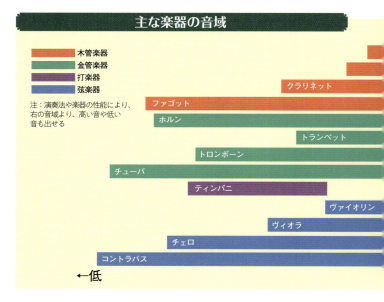

主な楽器の音域

- 木管楽器
- 金管楽器
- 打楽器
- 弦楽器

注:演奏法や楽器の性能により、右の音域より、高い音や低い音も出せる

クラリネット／ファゴット／ホルン／トランペット／トロンボーン／チューバ／ティンパニ／ヴァイオリン／ヴィオラ／チェロ／コントラバス

←低

これらの楽器は、どうやって音を出すかによって分類されている。管楽器は演奏者が息を吹き込み、空気が管を通るときの振動によって音が出る。その方法によって金管楽器と木管楽器とに分類される。この二種類は材質による分類ではなく、発音原理の違いによる分類で、金属製の木管楽器もある。

　弦楽器は弦を何らかの方法で振動させることで音が出る。弓で擦るのが擦弦楽器で、ヴァイオリンがその代表。

　ピアノは鍵盤楽器だが、弦が音を出すので弦楽器にも分類される。オルガンも鍵盤楽器だが、発音原理が異なる。

　打楽器は、ようするに太鼓がほとんどだが、オーケストラではティンパニと呼ばれる太鼓が活躍する。曲によっては、シンバル、トライアングル、あるいはマリンバなど、大小さまざまな打楽器がある。

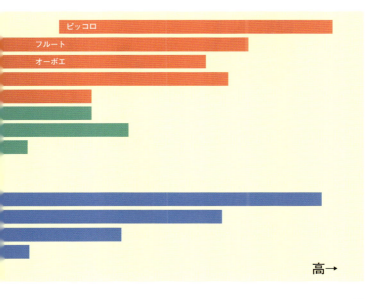

弦楽器

Stringed instruments

　弦を振動させて音を出すという意味ではピアノ、ハープ、ギターも弦楽器だが、オーケストラではヴァイオリンとその仲間のこと。形は同じで、大きくなればなるほど低い音が出る。

弓
弦をこすり音を出す器具。弓毛には160〜180本の馬の尻尾の毛が使われており、弦との引っかかりをよくするため松脂を塗って使う。

弦
ナイロンやスチールでできており、左側から右にいくほど細くなり、高い音が出る。

ヴァイオリン
Violin

ソロの曲も多い、楽器の花形。弦楽器の中では最も高い音が出て、音色もさまざまに変化する。

ヴィオラ
Viola

ヴァイオリンよりもひとまわり大きく、中音域を担当する。地味な楽器だが、なくてはならない。

チェロ
Cello

ソロの曲、協奏曲も多い、中低音の楽器。大きな楽器で、膝の間にはさんで演奏する。

コントラバス
Contrabass

チェロよりもさらに大きく、さらに低い音が出る。立つか、高い椅子に座って演奏する。

エンドピン

楽器を支える伸縮する金属の棒。手で持てないチェロやコントラバスには必須。

～ ヴァイオリンの第一と第二の意味 ～

　オーケストラ、室内楽では、第一ヴァイオリンと第二ヴァイオリンとに分類されるが、楽器は同じで、曲での役割が異なる。基本的に、第一は主旋律を弾き、第二は内声部を受け持っている。

金管楽器

Brass Instruments

金管楽器はブラスバンドでもおなじみだ。オーケストラのなかでも大きな音が出るので目立つ。「マウスピース」にあてた唇の振動が「管」を通り、拡声して音が出る。

トランペット
Trumpet

金管楽器の代表で、高音が出る。ソロのパートを受け持つこともある。ジャズでも重要な楽器。

ピストンバルブ
第一から第三まであり、ここを押すことで大まかな音程（音の高低）を変える。

マウスピース
ここに唇を当て震わせて息を吹き込む。

抜差管
逆の手でスライドさせバルブで作った音程の微妙な調整をする。

マウスピース
唇を当て息を吹き込む。息の出し方によって音程を変える。

トロンボーン
Trombone

管をスライドさせることで半音階が出せ、柔らかく深みのある音が出る。中低音の音域を担当。

スライド管
スライドさせて音程をつくる。7つのポジションがあり、マウスピースの息の吹き込みとともに音程をつくる。

ホルン
Horn

カタツムリのような形で、木管楽器のような柔らかい音が出る。モーツァルトのホルン協奏曲が有名。

レバー
第一から第四まであり、音程を変える。ホルンは抜き差し管やバルブも複数あり複雑な構造をしている。

ベル
音が出る場所。ホルンだけはこの中に手を入れ、音色や音程の微妙に変化させる。

ベル
他の管楽器とは異なり上を向く。

ピストンバルブ
第一〜第四まであり、押すことで息の通り道を変え音程を変える。

チューバ
Tuba

かなり大きな楽器で最低音部を受け持ち、大きな音も出せる。音色はホルンに似ている。

マウスピース
息を吹き込む。トロンボーンと同じ大きさのものが使われる。

∽ サックスは木管楽器 ∽

サックスは金属製だが、発音原理から木管楽器に分類される。発明されたのが1840年代なので、それ以前に作られた曲では出番がなく、クラシックよりジャズのイメージの強い楽器だ。

木管楽器 *Woodwind Instruments*

管にあけられた音孔の開閉によって音の高さを操作する楽器であれば、金属製でも木管楽器と呼ぶ。オーボエ、フルート、クラリネット、ピッコロ、ファゴットなどがある。

フルート
Flute

昔は木製だったが、いまは金属製がほとんど。横笛で、高く透明感のある音が出る。ソロの曲も多い。

リッププレート
中央に空いた穴に下唇を当て息を吹き込む。

キイ
管体に空いた音孔をふさぐ器具。押すことで音程を変えられる。

ピッコロ

Piccolo

フルートから派生してできた横笛で、フルートより高い音を出せる。フルート奏者が兼ねることも。

マウスピース
植物の葦でできた板(リード)をくわえて息を吹き込み、振動させて音を出す。

クラリネット
Clarinet

高音から低音まで音域が広く、また音色も豊かなので、主旋律を奏でることが多い。管体は木製。

キイ
管体に空いた音孔をふさぐ器具。連動している箇所があり、1つのキイを押すと同時に他の箇所も動くしくみがある。

リード

オーボエのリードは2枚になるためダブルリードと呼ばれる。オーケストラの音程は、オーボエの音程を基準に合わせる。

オーボエ

Oboe

縦笛で、管体は木製。甘い音色が出るのでソロの曲も多い。長いメロディーを一息で演奏できる。

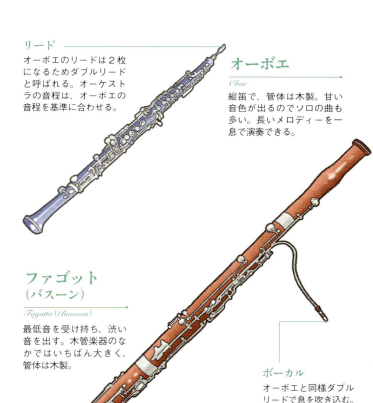

ファゴット（バスーン）

Fagotto（Bassoon）

最低音を受け持ち、渋い音を出す。木管楽器のなかではいちばん大きく、管体は木製。

ボーカル

オーボエと同様ダブルリードで息を吹き込む。

～ リコーダー vs フルート ～

　小学校でほとんどの人が習う管楽器が縦笛のリコーダー。子供用の楽器ではなく、バロック時代までは大活躍していた。しかし音量の点で、横笛のフルートに負け、古典派以後では使われなくなった。

打楽器・鍵盤楽器

Percussion instrument, Keyboard instruments

　打楽器の代表は「太鼓」。オーケストラに必ずあるのがティンパニだが、他にもさまざまな打楽器がある。鍵盤楽器の代表がピアノ。パイプオルガンは持ち運びのできない楽器である。

ヘッド
仔牛や山羊の皮でできた膜

マレット
フェルトなどでおおわれたバチ

ティンパニ
Timpani

出番は少ないがオーケストラに欠かせない。4つか5つを並べるのが普通。打楽器だが音程が調整できる。

ペダル
踏みことでヘッドの張りを変え、音程を調節することができる。

大太鼓(バスドラム)
Bass Drum

吹奏楽では重要な楽器だが、オーケストラには常設されておらず、ティンパニの補完的な役割となっている。

ヘッド
牛皮、もしくはプラスチックでできている。

シンバル
Cymbals

薄く丸い金属板。2枚を打ち合わせて鳴らすのと、バチなどで叩いて鳴らすのとがある。

ピアノ

Piano

最も有名な楽器。クラシックに限らず、あらゆるジャンルの音楽で使われている。

鍵盤
押すとその奥にあるハンマーが下から弦を叩く。

ペダル
踏むと音を長く響かる、音自体に強弱をつけるなどそれぞれ役割がある。

弦
ハンマーで叩かれると音が鳴り、楽器全体に共鳴する。

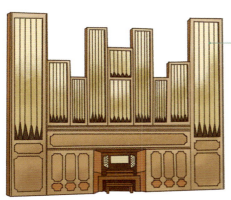

パイプ
1本から1つの音しか出せない。大きなホールに設置されているものでは舞台裏に何千本も設置されていることもある。

パイプオルガン

Pipe Organ

教会やホールに設置され、持ち運びのできない楽器。設備・装置と言ったほうがいい。

打楽器奏者のキャリア

ピアノやヴァイオリンは幼少期から習わないとプロにはなるのは難しいが、打楽器は青年期から始めた人が大半だ。ティンパニ奏者はリズム感がいいから、なかには指揮者に転身する人もいる。

オーケストラの配置

オーケストラの楽器ごとの位置は、客席に近いほうから弦楽器、木管楽器、金管楽器、打楽器となる。合唱が加わる場合は、さらにそのうしろだ。各パート内の奏者にも序列がある。

コンサートマスター（コンマス）
第一ヴァイオリンの首席奏者。演奏者のまとめ役で指揮者と奏者の橋渡し的な役割。女性の場合はコンサートミストレスと呼ばれる。

指揮者
自分では音を出さない演奏家。楽団員から見えるように台の上にいる。作曲家の意図を解釈して、それを楽団員に伝え、音楽を作り上げる。

ストコフスキー配置と対向配置

　オーケストラの配置には弦楽器の位置によって大きく二種類ある。20世紀後半に一般的になったのが「ストコフスキー配置」と呼ばれるものだ。指揮者ストコフスキー（1882〜1977）が考案したもので、ステージ下手側（客席から見て左）から、第一ヴァイオリン、第二ヴァイオリン、ヴィオラ、チェロと並び、チェロのうしろにコントラバスが陣取る（p26図参照）。これは高音楽器から低音楽器へという並び方だ。

　では、その前はどうだったか。第一ヴァイオリンと第二ヴァイオリンが両翼にあることから「対向配置」「両翼配置」、あるいは「古典配置」という（p27図参照）。

　モーツァルトからベートーヴェン、ロマン派を経てマーラー

ストコフスキー配置

今日のオーケストラではスタンダードな配置。曲によってはチェロとヴィオラが逆になることがある。

までの作曲家たちの時代は「対向配置」が普通だったので、彼らはその前提で作曲していた。第一ヴァイオリンと第二ヴァイオリンが左右で掛け合うような音楽を作ったのだ。左右両側からヴァイオリンが聴こえることになり、客席からのバランスもいい。

しかし、ホールが大きくなり、編成も大きくなってくると、不都合が生じた。第一と第二ヴァイオリンの距離が遠くなったので、お互いに音が聞き取りにくくなり、アンサンブルに乱れが生じやすくなったのだ。そこでストコフスキーは第一と第二ヴァイオリンを隣り合わせにしたところ、うまくいった。

以後、多くの指揮者がストコフスキーにならったわけだが、20世紀後半になると、対向配置を取る指揮者も増えてきた。いまでは曲ごとにどちらにするか決める指揮者が多い。

対向配置

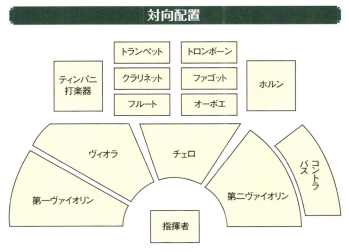

ヴァイオリンが左右から聴こえる配置。こちらの配置もチェロとヴィオラが逆になることがある。

楽器の編成と曲の形式

オーケストラと交響曲

　器楽の合奏がいつから始まったのか明確ではない。それくらい昔からおこなわれていた。記録にあるところでは、16世紀のイギリスで、小規模な器楽合奏がおこなわれていた。

　イタリアでは1600年頃からオペラが始まり、その伴奏の器楽合奏がオーケストラの始まりとも言われる。バロック時代には弦楽器群による合奏、なかでもヴァイオリン協奏曲の形式が盛んだった。弦楽合奏だけだったものに、管楽器も加わるようになり、それらは管弦楽曲と呼ばれた。「交響曲（Symphony）」という、複数の楽章を持つ大規模な管弦楽曲も、1720年代にイタリアで生まれた。当初はオペラが始まる前にオーケストラだけで演奏される曲だったが、やがてオーケストラの演奏会が始

まり、そのための曲が作られるようになる。

　協奏曲は3楽章形式が標準で、第1楽章と第3楽章が速いテンポで、間の第2楽章はゆっくりした曲という形式だった。交響曲は、18世紀半ばにハイドンによって4楽章が標準化され、モーツァルト、ベートーヴェンがそれを継承した。

　コンサートホールや劇場が大きくなると、大音量が求められ、オーケストラの編成も大きくなった。それにともない、曲そのものも長大化していった。ハイドンの交響曲は長くても20分前後だったが、19世紀後半から20世紀初頭のブルックナーやマーラーになると、80分前後のものもある。

　交響曲のタイトルは大半が愛称で、物語や情景を描いた曲は、ごくわずかしかない。大半は「何かを描いているわけではない曲」である。そこがクラシックがとっつきにくい理由でもある。

交響曲の一般的な構成

　交響曲は4つの楽章によって構成され、その順番も決まっている。だが、この基本から逸脱したものに名曲は多い。最初のルール破りはベートーヴェンである。『運命』『英雄』『悲愴』などの曲名は愛称であり、正式には何もない。何かの物語や情景を描いた音楽ではないのだ。基本的には、歌もない。

テンポ

第1楽章
速いテンポで最も長く、曲を代表する楽章。ソナタ形式で書かれて、冒頭で2つのテーマが現れる。

急

第2楽章
ゆったりとしており「緩徐楽章」と呼ばれる。美しくメロディアスな音楽が多い。

緩

第3楽章
3拍子で、メヌエットかスケルツォという舞曲。軽快でおどけたような楽しい音楽。

舞曲など

第4楽章
「フィナーレ」ともいう。速いテンポで一気呵成に怒涛のように終末へ向かう。

急

〜 交響曲の有名曲 〜

ベートーヴェンの『英雄』『運命』『田園』、第9の4曲が頂点。チャイコフスキーの『悲愴』、ドヴォルザークの『新世界より』が知名度で続く。モーツァルトは40番と41番、ブラームスは1番。

交響曲以外の形式

　4楽章形式の「交響曲」だけが、オーケストラが演奏する曲ではない。協奏曲、交響詩、序曲、組曲など、さまざまなタイプの曲があり、コンサートのプログラムを彩っている。

協奏曲 *Concerto*

オーケストラと独奏楽器が共演する管弦楽曲で、3楽章が基本。独奏楽器ではピアノが最も多く、ヴァイオリン、チェロが続く。フルート、ホルンなどの管楽器の協奏曲もある。オーケストラのコンサートでは前半が協奏曲、後半が交響曲というプログラムが多い。有名なピアニストと有名な指揮者、オーケストラとの組み合わせは、火花が散るような名演になることも多い。交響曲と同じで標題を持つ曲はほとんどない。

協奏曲の有名な曲

ベートーヴェン：
ピアノ協奏曲第5番『皇帝』
チャイコフスキー：
ピアノ協奏曲第1番
ラフマニノフ：
ピアノ協奏曲第2番
メンデルスゾーン：
ヴァイオリン協奏曲
ドヴォルザーク：チェロ協奏曲
モーツァルト：フルートとハープのための協奏曲

交響詩 *Symphonic Poem*

「音楽による詩」という意味で、歌詞はない。ロマン派のリストが創始したオーケストラによる標題音楽で、物語や情景、歴史、神話などのイメージを音楽にしたもの。『英雄の生涯』『わが祖国』『海』などが有名。

序曲 *Overture*

オペラや演劇で、冒頭にオーケストラだけで演奏される曲。その劇全体を示す。オペラから独立して、序曲だけがコンサートでの人気曲になったものもある。また本体がなく、序曲だけというケースも。

組曲 *Suite*

小説の短編集のように、複数のそれぞれ独立した曲を組み合わせたもの。バロック時代は舞曲のことだった。ロマン派になり、交響詩の組曲や、バレエ音楽を演奏会用に編曲して組曲にしたものなどが生まれた。

室内楽

Chamber Music

　数人から十数人で演奏される曲の総称。バロック時代は、貴族の宮廷内で演奏される音楽のことだったが、いまはコンサートホールでも野外でも演奏され、「室内」にこだわらない。

弦楽合奏

String ensemble

ヴァイオリン、ヴィオラ、チェロで演奏する弦楽三重奏、ヴァイオリンが2人になる弦楽四重奏、ヴィオラも2人になる弦楽五重奏などが基本。コントラバスも加わる弦楽オーケストラもある。

弦楽合奏の有名曲

モーツァルト:『アイネ・クライネ・ナハトムジーク』、ディヴェルティメント

チャイコフスキー:弦楽セレナーデ

ドヴォルザーク:弦楽セレナーデ

シェーンベルク:弦楽三重奏曲

R.シュトラウス:メタモルフォーゼン

ストラヴィンスキー:『ミューズを率いるアポロ』

ベートーヴェン:大フーガ（弦楽合奏に編曲されたもの）

シューベルト:『死と乙女』（弦楽合奏に編曲されたもの）

四重奏
（カルテット）
Quartetto

4人で演奏する。弦楽器だけの弦楽四重奏と、ピアノ、ヴァイオリン、ヴィオラ、チェロのピアノ四重奏が一般的。交響曲と同じ、急―緩―舞―急の4楽章形式が基本だが、3楽章のものもある。

カルテットを書いた有名作曲家

ハイドン、モーツァルト、ベートーヴェン、シューベルト、メンデルスゾーン、ブラームス、ドヴォルザーク、チャイコフスキー、バルトーク、ショスタコーヴィチなどの曲がよく演奏される。

三重奏
（トリオ）
Trio

ピアノ、ヴァイオリン、チェロの三重奏が一般的。いつも決まったメンバーの三重奏団もあれば、一回限りのもある。

二重奏（デュオ） *Duo*

ヴァイオリンとピアノ、チェロとピアノ、フルートとピアノ、クラリネットとピアノなどさまざま。

トリオ・デュオの有名曲

ピアノ・トリオ
ベートーヴェン:『大公』
チャイコフスキー:『偉大な芸術家の思い出に』

ラフマニノフ:『悲しみの三重奏曲』
デュオ
モーツァルト:ヴァイオリンとヴィオラのための二重奏曲

独奏曲 *Solo*

ピアノ独奏曲 *Piano solo*

1台のピアノをひとりで弾くのがピアノ独奏曲で、大半のピアノ曲がこれにあたる。他に1台のピアノを2人で弾く連弾曲、2台のピアノで弾くピアノ二重奏曲も。

ピアノ曲の有名曲

ピアノ曲といえば、ショパン。全てが有名曲と言っていい。ベートーヴェンの32曲のピアノ・ソナタ、シューマン、リスト、ドビュッシー、ラヴェル、ラフマニノフの曲もよく演奏される。

有名ピアニスト
- ヴラディーミル・ホロヴィッツ
- ヴィルヘルム・ケンプ
- グレン・グールド
- マウリツィオ・ポリーニ

性格的小品とは
プレリュード、エチュードなど数分の短い曲で、形式にとらわれない自由な発想で作られた曲のこと。

ヴァイオリン独奏曲

Violin solo

ヴァイオリン独奏曲は少なく、大半はピアノ伴奏が付く。日本語ではソロを「無伴奏」と訳す。

ヴァイオリン独奏曲の有名曲

バッハの無伴奏ヴァイオリン・ソナタ、ベートーヴェンのピアノとヴァイオリンのソナタ、パガニーニの「24の奇想曲」、マスネの『タイスの瞑想曲』、サラサーテの『ツィゴイネルワイゼン』など。

その他の独奏曲

Others solo

弦楽器、管楽器には楽器ごとに独奏曲がある。比較的演奏される機会が多いのがチェロや管楽器だ。

チェロ、管楽器の独奏曲

チェロではバッハの無伴奏チェロ組曲、サン=サーンスの『動物の謝肉祭』の「白鳥」。テレマンの『無伴奏フルートのための12の幻想曲』、プーランクのフルート・ソナタなど。

声楽曲

 Vocal music

　ようするに「歌」のこと。キリスト教の宗教曲が大半で、またクラシックでは原語で歌うのが原則なので、ドイツ語やイタリア語が分からない日本では、あまり人気がないジャンル。

歌曲
Lied

ロマン派の時代、詩人が書いた詩に作曲家が曲を付けたもので、独唱者とピアノ伴奏による曲が大半。

宗教音楽
Religious music

キリスト教のミサのための音楽で合唱が基本。なかでも、レクイエムは多くの作曲家が手がけた。

歌曲・合唱曲の有名曲

　歌曲といえばシューベルトで、『魔王』『野ばら』など。ブラームスも多く書いた。レクイエムでは、モーツァルト、ベルリオーズ、ブラームス、ヴェルディのもの。オルフの『カルミナ・ブラーナ』も。

オペラ

Opera

イタリアで生まれた音楽劇。セリフのあるものから、全編にわたり歌で展開されるものまで、さまざま。19世紀までは歌手中心の上演だったが、20世紀になると指揮者が主導権を握るようになり、現在は演出家が新解釈の上演をして個性を競っている。

代表的オペラ作品

「オペラのABC」と呼ばれる、ヴェルディの『アイーダ』、プッチーニの『ボエーム』、ビゼーの『カルメン』は見ておきたい。他に『フィガロの結婚』『魔笛』『トリスタンとイゾルデ』『椿姫』『オテロ』『トスカ』『蝶々夫人』『ばらの騎士』『サロメ』など。

指揮者は何をしているのか

指揮者の役割

　クラシックの演奏家というと、真っ先に指揮者を思い浮かべる人も多いだろうが、比較的新しい職業だ。

　指揮者が必要になるのは、数十人ものオーケストラが演奏する場合で、十数人程度の室内オーケストラの場合は指揮者なしで演奏するケースが多い。その場合は、ヴァイオリニストのなかのひとり、コンサートマスターが指揮者の役割を兼ねる。

　これくらいの人数の場合は、互いの音を聴きあうことで揃えられるのだ。しかし、50人を超え、さらにはマーラーの交響曲のように100人以上の編成になると、誰かがテンポなどを指示してくれないと、バラバラになってしまう。

　では、音が揃うように合図をするために指揮者が存在しているのかというと、それは指揮者の仕事の一部にすぎない。

　指揮者の役割ほどよく分からないものはない。当事者も、「科学的に分析して説明しろ」と言われると困るらしい。

　オーケストラの演奏会のテレビ中継を見れば分かるが、大半の楽団員は楽譜を見ながら演奏しており、指揮者をずっと見ている人はいない。楽団員が指揮者を見ているのは自分が演奏していない時だ。

　指揮者の仕事の大半はリハーサルの時に終わっているとも言われる。リハーサルを通じて、指揮者は「作曲家が楽譜に書いた意図」を解釈して、オーケストラに伝える。そして本番では一種の精神的波動を発して、オーケストラをコントロールしているらしい。

指揮者は演奏者にどうやって意図を伝える?

指揮棒が指示を出しているときに、別の指示を出すために使われる。

表情・動き
表情やダイナミックな動きを使って演奏者にニュアンスを伝えることもある。

指揮棒
曲のテンポを刻むだけでなく、速度や強弱、音量、合図、曲の表情などさまざまな指示を出す。

楽譜とは演劇の台本のようなもの

　ピアノの独奏曲でも、同じ曲がピアニストによってまったく異なる演奏になる。なぜそうなるのか。楽譜には、細かい指示と指定が書き込まれているが、その指示は「速く」「歩くように」といったもので、解釈によっていかようにも変わる。演劇でも演出家によって違ったものになるように、楽譜もまたそれを読んで演奏する者によって音量やテンポが変わってくる。

　オーケストラの場合、数十人での合奏だから、全員が同じ解釈で演奏しなければバラバラになってしまう。そこで、どういう音量のバランス、テンポ、さらにニュアンスを込めるかを決める人が必要となり、指揮者が登場したのだ。

専業指揮者が必要な理由

　専業の指揮者が登場したのは19世紀になってからだ。昔は作曲家自身が指揮をしていた。自分の曲なのだから、解釈も何もない。自分の思う演奏になった（楽団員のテクニックにもよるが）。専業の指揮者が登場した理由は、19世紀になると、亡くなった作曲家の曲も演奏するようになったからだ。たとえばベートーヴェンの曲は彼の死後も演奏されたが、当然、ベートーヴェンはいないので、他の誰かが指揮をしなければならなくなり、指揮者の役割が重要になった。

　もうひとつの理由は、ロマン派になってから音楽が複雑になったことだ。オーケストラの編成も巨大化し、誰かが指示しなければまとまらなくなった。

指揮者に問われる能力

　指揮者には音楽のセンスはもとより、記憶力も必要だ。さらに数十人を統率するカリスマ性、経営の才能も求められる。

　オーケストラ曲の楽譜は、たとえば10種類の楽器で演奏する曲ならば10段になっており、楽器ごとの音楽の動きが記載されている。ヴァイオリニストは自分のパートだけ勉強すればいいが、指揮者は全ての楽器の音の動きを把握しなければならない。本番中は楽譜を見ない指揮者も多く、暗譜しているのだ。

　ひとつのオーケストラには音楽監督（首席指揮者、常任指揮者）がひとりいて、その楽団の音楽活動全般の責任を負う。常任ポストを持たず、世界中を飛び回る指揮者も多いが、名指揮者の大半がオーケストラの音楽監督で、複数の楽団の音楽

監督を掛け持ちしている人もいる。

　自らは何も音を出さない音楽家だが、オーケストラとオペラの集客も指揮者の人気に左右される。

巨匠と呼ばれた指揮者たち

ヴィルヘルム・フルトヴェングラー

（ドイツ 1886〜1954）

20世紀前半を代表する指揮者。ベルリン・フィル、ウィーン・フィルとの共演が多い。ベートーヴェン、ブラームス、ワーグナーなどのドイツ音楽を得意とし、神格化されている。

ヘルベルト・フォン・カラヤン

（オーストリア 1908〜1989）

「帝王」と称された大指揮者。レパートリーも広い。レコードの可能性にいち早く気づき、膨大な量の録音を遺した。「美し過ぎる」と批判されたほど、美しい音楽を作った。

エフゲニー・ムラヴィンスキー

（ソ連（ロシア）1903〜1988）

半世紀にわたりソ連音楽界最高の指揮者として君臨した。チャイコフスキーなどのロシア音楽はもちろん、ドイツ音楽も得意とした。厳しい規律でオーケストラを鍛え上げた。

レナード・バーンスタイン

（アメリカ 1918〜1990）

『ウエストサイド物語』などのミュージカルや、交響曲も書いた作曲家でもあり、ピアニストでもあった。レパートリーは広く、膨大な量の録音を遺した。マーラーを得意とした。

Column 1
音楽用語あれこれ　その1

合奏

| チューニング | 調律。それぞれの楽器の音高を合わせること。 |

| アンサンブル | 2人以上で演奏すること。そこから転じて室内楽団の名称にもなっている。 |

| トゥッティ | 全合奏、総奏。オーケストラなどで全員が同時に奏すること。 |

| カデンツァ | 協奏曲で独奏者が自由に独奏する部分で、即興演奏のことが多い。腕の見せどころ。 |

奏法

| ピチカート | ヴァイオリンなどの弦楽器で、弓ではなく指で弦をはじく奏法。 |

| ヴィブラート | 音の高さを少し揺らしながらの演奏。弦楽器では弦を押さえる指の振動で、管楽器ではブレス・コントロールでおこなう。 |

| トレモロ | 急速な反復のこと。単一の高さの音を連続する場合と、複数の高さの音を交互に小刻みに演奏する場合がある。 |

| グリッサンド | すべるように急速に奏すこと。ピアノでは、指を鍵盤上ですべらせてその間の全ての音を鳴らし、弦楽器では弦を押さえた指をすべらせる。 |

曲の聴き方

クラシック音楽の聴き方

　クラシック音楽は芸術である。「趣味＝楽しみ」として聴くとしても、娯楽作品であるポップスを聴くのとはアプローチが異なる。ただ聴けばいいというわけではない。もちろん、ただ漠然と聴くのでも、美しいメロディーの曲が多いから、心地よい。それはそれで立派な楽しみ方だ。

　大半の人が親しんでいる音楽とは、歌のことだ。音楽に感動しているようでいて、「歌詞＝言葉」に感動している。クラシック音楽にも歌はあるが、多くの人がイメージするのはピアノやオーケストラだけ、つまり楽器だけで演奏される「歌詞のない音楽」だろう。こういう音楽は他にジャズくらいだ。

　だから、歌詞のないクラシック音楽は「何を描いているのか分からない」「この人、何が言いたいの」となってしまう。

　クラシック音楽の曲名には、「運命交響曲」や「月光ソナタ」といったものと、「交響曲第2番」とか「ピアノ三重奏曲第1番」のような製品番号みたいなものがある。最初の「運命交響曲」などは後から別の人が勝手に付けた愛称で、運命や月光を描いた曲ではない。クラシック音楽の曲の大半は、「交響曲第2番」のような製造番号みたいな曲名なのだ。

　有名な曲ほど愛称があるので、なんとなく、「クラシック音楽は何かを音楽で描いた曲だ」と思っている人が多いが、それが、そもそもの誤解である。

　もちろん、『わが祖国』『海』『英雄の生涯』のように、作曲者自身がタイトルを付け、物語や情景を音楽で描いた曲もあり、

「標題音楽」という。しかし、クラシック音楽のなかで、物語や情景を描いた標題音楽は少数派で、大半は「意味のない音楽」だ。「意味がない」というのは、「聴く意味」がないということではなく、何かを描写した音楽ではないということだ。聴いてみて、「何を言いたいのか分からない」と感じるのは正しいのだ。何も言いたいことなどないのだから。

　そんな意味のないものを聴いて面白いのだろうか。これを面白いと思うには、やはりある程度の知識が必要となる。

　曲の形式、曲の構造、曲の成り立ち、あるいは作曲された背景、作曲家の生涯や生きた時代についての知識があるとないとでは、感じ方が変わってくるはずだ。

「この曲は何を描いているのか」を考えながら聴いたとしても、答えなどない。

「このメロディが好き」と思ったら、どういう構造なのか探求するのも楽しみのひとつ。

絶対音楽と標題音楽

　「標題音楽」(program music)とは、一般的には「文学や絵画など、音楽以外の観念や表象を基にして描いた音楽」となる。リヒャルト・シュトラウスの『ドン・キホーテ』や、ムソルグスキーの『展覧会の絵』などが、分かりやすい例だ。

　だが、先行する文学・美術作品がないものもあり、それには「作曲家の頭のなかに浮かんだ何らかの想念に基づいて作曲された音楽」という説明も成り立つ。あるいは作曲後に聴く人が誤解しないように解説として標題を付けた音楽もある。

　歌詞のある歌曲やオペラなどは、標題音楽そのものなのだが、一般に標題音楽というときは、歌詞のない楽器だけで演奏される曲のことを言う。

　いまからみれば、標題音楽はバロック時代からあり、ヴィヴァルディの『四季』はその代表だが、標題音楽という言葉はロマン派の時代に生まれたものだ。楽器演奏だけの音楽で、景色や思想や物語を描いた標題音楽が流行すると、それに反対する声も出た。「標題音楽など邪道である、音楽は音楽そのもので物語などに従属すべきではない」という考えで、こうした考えの人々は「絶対音楽」(absolute music)という言葉を生み出した。「音楽のための音楽」である。

　クラシック音楽の大半は「絶対音楽」で、標題音楽は例外的なものだ。しかし、有名な曲にはタイトルのある標題音楽が多いので、なんとなく、クラシック音楽は楽器だけで物語や情景を描いたものと思っている人が多いのだ。

　バッハやハイドンの時代には、標題音楽という言葉もなかったので、絶対音楽という言葉もなかったが、彼らの器楽曲は絶

対音楽と定義づけられる。ベートーヴェンの『田園交響曲』は標題があるので、ロマン派の標題音楽の先駆けとなった。『田園』に啓示を受けて、ベルリオーズが『幻想交響曲』を作ったが、これが本格的な標題音楽の始まりだ。

　紛らわしいのが、絶対音楽なのに標題音楽と誤解されやすい曲が多いことだ。ベートーヴェンに多いが、『運命』『熱情』『告別』『テンペスト』『月光』などのタイトルの大半は、楽譜出版社や興行師が拡販目的で勝手に付けた愛称に過ぎない。モーツァルトの『プラハ』交響曲は、プラハにいる時に書かれたのでそう呼ばれており、別に「プラハの情景を描いた曲」ではない。『ジュピター』交響曲も神話を描いたのではなく、この曲が最高神ジュピターのような交響曲の最高傑作だという意味の愛称だ。ベートーヴェンの『皇帝』協奏曲も、この曲が「ピアノ協奏曲の皇帝だ」という意味。

　たしかに「交響曲第41番」とか「ピアノ協奏曲第5番」と呼ぶよりも覚えやすいし、聴いてみようかという気にさせる。だが、事情を知らないで聴くと、「どうしてこれがジュピターの神話なんだ」となり、「クラシック音楽はやっぱり分からない」となってしまいかねないので、注意が必要だ。

　また、標題のない音楽でも、物語や情景を感じさせる曲はいくらでもある。

標題音楽の例

ベルリオーズ『幻想交響曲』、リスト『前奏曲』、ムソルグスキー『展覧会の絵』、サン＝サーンス『動物の謝肉祭』、デュカ『魔法使いの弟子』、R・シュトラウス『英雄の生涯』『ツァラトゥストラはこう語った』、スメタナ『わが祖国』、ドビュッシー『海』など。

コンサートのプログラム

オーソドックスなパターン

　J-POPのコンサートはどの曲を演奏するかは事前に公表されないことが多いが、クラシック音楽のコンサートはほぼ全て、事前に曲と順番が公表され、どの曲を聴きたいかによって、選べることになっている。

　コンサートは夜7時からが多く、2時間ほど。間に15分から20分の休憩がある。これはピアノのリサイタル（独演）でもオーケストラのコンサートでも同じだ。マーラーやブルックナーなどの90分近い交響曲の場合は、一曲だけで休憩もないことがある。

　オーケストラのコンサートでは、最初に10分前後の曲が演奏され、次が30分前後の協奏曲、休憩後の後半が交響曲というのが基本的なパターンだ。3曲とも同じ作曲家の曲の場合は、たとえば「オール・ベートーヴェン・プログラム」と呼ぶ。わざわざそう呼ぶくらい珍しいことで、たいがいは、何人かの作曲家の曲を組み合わせる。「フランス音楽の夕べ」「ドイツ・バロックの世界」など、ひとつのテーマを決めて関連する曲を演奏するコンサートもあるが、相互に関連のない曲が演奏されるほうが多い。

　コンサートの場合は、「どの曲を聴くか」よりも「誰の演奏を聴くか」を基準にして選ぶことが多くなる。「あの曲を聴きたい」と思っても、その時期のどのコンサートのプログラムにもないことのほうが多いからだ。日本で唯一、一年のうちに絶対に演奏される曲は、ベートーヴェンの第9交響曲だけだ。

プログラムの例

Program

ブラームス
悲劇的序曲　Op.81

> 演奏会の1曲目。序曲などの短く軽めのものが演奏される。

ベートーヴェン
ヴァイオリン協奏曲　二長調　Op.61

第1楽章　Allegro ma non troppo
第2楽章　Larghetto
第3楽章　Allegro

> 2曲目は協奏曲など聴きごたえのある曲で前半を盛り上げる。

> コンサートのメインとなる曲。重厚な交響曲などが多く、終演後にはアンコールが聴けることも多い。

～休　憩～

> メインを聴く態勢を整えるために休憩が入る。ロビーで奏者が演奏するロビーコンサートが行われることも。

ブラームス
交響曲第2番　二長調　Op.73

第1楽章　Allegro non troppo
第2楽章　Adagio ncn troppo
第3楽章　Allegretto grazioso-Presto ma non assai
第4楽章　Allegro ccn spirito

～1日では終わらないコンサート～

　ベートーヴェンの9つの交響曲を、5日間かけて全曲演奏することもある。このような、特定の作曲家の作品を連続して演奏することをドイツ語で「ツィクルス」という。この場合は「ベートーヴェン・ツィクルス」だ。ツィクルスは、できれば、全日聴いてみたい。

音楽の要素を知ろう

作曲は数学？

　曲を作るのは感性だと思っている人は多い。ポップスのシンガー・ソングライターの場合は、たしかに感性で作られる。だがクラシック音楽は、数学的な要素が強い。

　作曲家は英語ではcomposer、作曲はcomposeだが、これは「構成する」という意味の言葉でもある。クラシック音楽では、メロディーを思いつくだけでは「作曲」と言えないのだ。

　そのため作曲家になりたい人は、音楽大学で音楽理論、作曲技法を学ぶ。音楽大学のない時代でも作曲はひとつの技術として、伝承されていた。

　音楽を聴くだけならば作曲技法について詳しい知識は必要ないが、知っていると、より深く楽しめる。とはいえ、とても数ページでは解説できないし、実際に音を聴きながらでなければ分かりにくいだろうから、最低限のことしか記せない。楽譜のルールなどのことを知りたい場合は、書名に「楽典」とある本を読んでほしい。楽譜の読み書きのルールである「記譜法」と、音楽の理論について解説してある。

音楽を構成する3要素

メロディー ＋ **リズム** ＋ **ハーモニー**

旋律。音楽の主役となるもので、異なった高さの音が連続して流れる。

拍と拍子から成る音のパターン。メロディーと組み合わさり「フレーズ」に。

音と音が重なったときの響き。音と音の重なり（和音）のパターンは何種類もある。

音名とは

クラシック音楽の曲名には、「交響曲第1番」などの後に「ハ長調」など調が記されている。「ハ」というのは音名で、「ドレミファソラシド」の「ド」が日本語では「ハ」になる。音名は、音の高さを示す。音楽で使う音の高さにはルールがあり、それを順番に並べたのが「音階」で、音階によるシステムを「調」という。

ドレミとイロハの対応表

ド	レ	ミ	ファ	ソ	ラ	シ
ハ	ニ	ホ	ヘ	ト	イ	ロ

長調と短調

たとえば「ハ長調」は、「ハ音(ド)」を主音とする長調、と説明される。長調は明るい響き、短調は暗い響きがする。「明るい」「暗い」というのは、あまりにも主観的で、人によって違うのではないかとも思うが、一応、明るい曲にしたい時は長調、暗い曲にするには短調にすることになっている。

1オクターヴの中には12の音がある(下図参照)。それぞれに長調と短調があるので、24の調がある。この調を曲の途中で変えるのを「転調」といい、作曲家の腕の見せどころとなる。

ピアノ鍵盤

❶ド ❷ ❸レ ❹ ❺ミ ❻ファ ❼ ❽ソ ❾ ❿ラ ⓫ ⓬シ

オクターブ

リズムと拍子

音楽にリズムがあるのは誰でも知っているだろう。「1、2、3、1、2、3」と繰り返すのが3拍子、「1、2、3、4、1、2、3、4」だと4拍子。

「拍」は刻みの基準で、「拍子」は拍の周期のこと。

楽譜の小節は、周期を示す。最初の音は強い、というのが基本ルールだ。

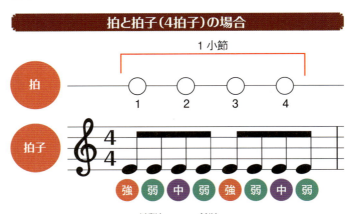

図の「強」「中」は表拍(おもてはく)、「弱」は裏拍(うらはく)と呼ばれる。

曲の構造を知ろう

ソナタ形式

　曲の構成にはいくつもの形式がある。クラシック音楽の解説文でよく目にするのがソナタ形式。韓流ドラマ『冬のソナタ』で「ソナタ」という言葉はおなじみだ。「ソナタ」というのは、もともとは「よく響く曲」という意味で、昔は「奏鳴曲」と訳していた。別に特定の形式の名称ではなかったのだ。

　古典派の時代に「ソナタ」は特定の様式の名称となり、そのソナタ形式の楽章を持つ曲をソナタと呼ぶ。

　ソナタ形式は18世紀半ばに確立された。特徴は「2つの主題(テーマ)を持つ」ということ。「主題」というのは、「この小説の主題は愛です」とか「人生のテーマは冒険です」などという主題とは異なり、音楽では、ひとかたまりのメロディー(リズム、ハーモニーも含む)のこと。冒頭で第一主題が提示され、続いて第二主題が提示される。これを「提示部」という。続いて、第一主題が転調され、第二主題も転調される「展開部」となる。そして「再現部」が来て、終結する。

第一主題から第二主題の提示に入る前に転調し、不安定な感じを与える。その後、展開部で、主題がさまざまに形を変えさらに緊張感が高まり、再現部では転調せず安定して終わる。起承転結のような盛り上がりや解決をがあるとイメージしよう。

カノンとフーガ

　小学校の音楽の授業で輪唱をした経験のある人もいるだろう。同じメロディーを少しずつ遅れておいかけていく歌い方だ。こういう形式をカノンという。元の意味は「規範」「規則」だ。ただ、輪唱は同じメロディーをそのまま追いかけるが、カノンはそう単純ではなく、「音型」が変化するものが多い。バロック音楽時代の曲はカノンが多い。カノンがさらに発展して複雑になったのがフーガ。

カノンとフーガの一例

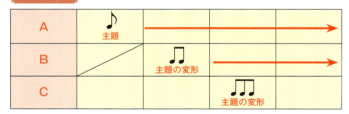

上記の例では、Aが主題を弾いたあとBが全く同じように主題を弾く。この時Aは主題を変形させて弾く。さらにCが同じように続き、追いかけっこの形になる。調はずっと変わらない。パッヘルベル『カノンとジーグ』などが有名。

Aが提示した主題にBは調も音の形も変えて応える。さらにCもまた主題を変えて応える。こうして、一見掛け合いには聞こえない複雑な応答を仕合いながら進行する。バッハの『フーガ　ト短調（小フーガ）』などが有名。

ロンド形式

　ロンドは「輪舞曲」と訳される。舞曲が由来の形式で、J-POPでも「Aメロ、Bメロときて、またAメロとなって」などと言うが、それと基本は同じだ。

ロンド形式の一例

大ロンド形式

主部			中間部	主部		
第一主題	第二主題	第一主題	第三主題	第一主題	第二主題	第一主題

第一主題、第二主題と続いたあと、もう一度第一主題に戻る。さらにそのあと中間部で第三主題が現れ、前半とまったく同じ形を繰り返して終わる。前半の第二主題の調が変わるとロンドソナタ形式となり、これが発展してソナタ形式となる。モーツァルト『アイネ・クライネ・ナハトムジーク』の第4楽章など。

小ロンド形式

主部			中間部	主部
第一主題	第二主題	第一主題	第三主題	第一主題

大ロンド形式をコンパクトにした形で、中間部の第三主題のあとは第一主題に戻って終わる。チャイコフスキー『くるみ割り人形』の「葦笛の踊り」など。

コンサートホールのいろいろ

クラシック音楽専用ホールとは

　クラシック音楽のコンサートは、野外など一部の例外を除いて、基本的にPA（音響装置）を使わず、生の音で聴く。

　そのため、クラシック音楽専用ホールというものがある。現在、東京にあるのは、赤坂のサントリーホール、渋谷のオーチャードホール、池袋の東京芸術劇場、初台の東京オペラシティコンサートホール、錦糸町のすみだトリフォニーホール、上野の東京文化会館、他に室内楽専用のホールとして、紀尾井ホール、トッパンホール、王子ホール、浜離宮朝日ホールなどもある。NHKホールや東京国際フォーラムのような多目的ホールでもクラシック音楽のコンサートが開かれているが、これらのホールはPAを使ったコンサートやイベントを前提としているので、クラシック音楽には音響的にふさわしくない。

　クラシック音楽専用ホールにも、2000人前後のキャパシティのある大ホールと、300人から500人の小ホールがある。室内楽は大ホールよりも小ホールで聴いたほうがいい。しかし人気のある楽団だと出演料が高いので、興行会社は大人数が入る大ホールで公演せざるをえない。

　クラシック専用ホールでは、ホール自身が主催するコンサートもあるが、大半は、興行会社に一日いくらで貸しているものだ。客としては、行きたいコンサートの会場がそのホールならば、たとえ音が悪くてもそこへ行くしかない。「どのホールへ行こうか」と悩むことは、ほとんどないだろう。

シューボックス型

　クラシック音楽専用ホールには、シューボックス型と、ワインヤード型とがある。ワインヤード型はさらに扇型とアリーナ型とがある。

　ウィーン・フィルの本拠地であるウィーンの楽友協会大ホールがこのタイプで、名前（シューボックス）の通り、靴箱のような長方体をしている。東京ではオーチャードホールがこのタイプだ。客席からだとシューボックスの中にいるようには見えないが、それは客席の傾斜があるからで、客席をなくしたところをイメージすれば、靴箱だと分かるだろう。

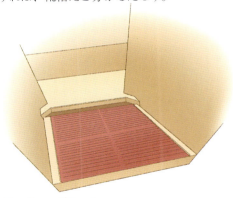

Bunkamura オーチャードホール

日本初のシューボックス型大ホールで、1989年開場。コンサートだけでなく、オペラやバレエも上演できる設備になっている。上の席は、ステージがかなり遠い。

ワインヤード型

　ワインヤードとはブドウ畑のこと。ステージを囲むように客席が配置されている。

　このタイプのホールは、ベルリン・フィルハーモニー・ホールが最初とされる。カラヤンが芸術監督だった時代に建てられたもので、ホール内の中心が指揮者の立つ位置となっている。帝王カラヤンとしては、自分が「世界の中心」にいるとの意識があったので、当時としては珍しいタイプのホールを発注した。

　ステージの背後にも客席があり、指揮者の顔を見ていたい人は、その席に座ることになる。ただ、楽器の音の出る方向とは逆になるので、音は近いが、必ずしも音響的にいい席とは

サントリーホール

1986年開場の日本初のワインヤード型ホール。小ホールも備えている。名門オーケストラ、名ピアニストの大半が、このホールで演奏している。日本のクラシックの殿堂。

限らないし、なんとなく、客席から自分も見つめられているようで落ち着かないという人もいる。

　日本で最初のワインヤード型ホールは、サントリーホールで、カラヤンのアドバイスを受けて設計され、1986年に開場した。柿落としにはカラヤン指揮ベルリン・フィルハーモニーの公演が予定されていたが、カラヤンが急病となり、小澤征爾が代役をつとめ、カラヤンは2年後の1988年に公演、最後の日本公演となった。

　続いて1990年に池袋に開場した東京芸術劇場もワインヤード型のひとつだ。バブル経済華やかなりし時代に、東京には相次いで、クラシック音楽専用ホールが建ったのである。

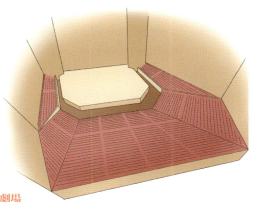

東京芸術劇場

大中小のホールがあるが、クラシック専用は大ホール。パイプオルガンも設置されている。ワインヤード型でもこちらはステージの後ろに席がない扇型のホール。

コンサートホールとオーケストラ

　ベルリン・フィルハーモニー（オーケストラ）の本拠地はベルリン・フィルハーモニー（ホール）で、アムステルダムのロイヤル・コンセルトヘボウ管弦楽団の本拠地もコンセルトヘボウというホールだ。

　欧米のオーケストラはみな自前のホールを持ち、年間の公演の大半をそこで行っている。日本では自前のホールを持つオーケストラは少なかったが、最近はホールや自治体とフランチャイズ契約を結ぶ楽団も増えてきた。

日本のプロのオーケストラと主な演奏会場

公益社団法人日本オーケストラ連盟加盟の楽団（準会員も含む）。
- ●札幌交響楽団　札幌コンサートホールKitara
- ●仙台フィルハーモニー管弦楽団　日立システムズホール仙台・コンサートホール
- ●山形交響楽団　山形テルサ
- ●群馬交響楽団　群馬音楽センター
- ●読売日本交響楽団　サントリーホール、東京芸術劇場、横浜みなとみらいホール
- ●NHK交響楽団　NHKホール、サントリーホール、オーチャードホール
- ●東京フィルハーモニー交響楽団　オーチャードホールが本拠地、東京オペラシティコンサートホール、サントリーホール
- ●東京交響楽団　ミューザ川崎シンフォニーホールが本拠地
- ●新日本フィルハーモニー交響楽団　すみだトリフォニーホールが本拠地
- ●東京シティ・フィルハーモニック管弦楽団　ティアラこうとう、東京オペラシティコンサートホールなど

- ●東京ユニバーサル・フィルハーモニー管弦楽団　めぐろパーシモンホール　小ホール
- ●日本フィルハーモニー交響楽団　サントリーホール、横浜みなとみらいホール、東京芸術劇場、杉並公会堂など
- ●東京都交響楽団　東京文化会館が本拠地
- ●東京ニューシティ管弦楽団　東京芸術劇場で定期演奏会
- ●藝大フィルハーモニア管弦楽団　東京藝術大学奏楽堂
- ●神奈川フィルハーモニー管弦楽団　神奈川県民ホール、横浜みなとみらいホール、神奈川県立音楽堂
- ●オーケストラ・アンサンブル金沢　石川県立音楽堂コンサートホール
- ●静岡交響楽団　静岡市清水文化会館マリナート
- ●セントラル愛知交響楽団　三井住友海上しらかわホール、愛知県芸術劇場コンサートホール
- ●名古屋フィルハーモニー交響楽団　愛知県芸術劇場コンサートホール、日本特殊陶業市民会館フォレストホール
- ●中部フィルハーモニー交響楽団　小牧市市民会館ホール
- ●京都市交響楽団　京都コンサートホール・大ホール
- ●京都フィルハーモニー室内合奏団　京都コンサートホール・小ホール
- ●関西フィルハーモニー管弦楽団　ザ・シンフォニーホール
- ●大阪フィルハーモニー交響楽団　フェスティバルホール
- ●大阪交響楽団　ザ・シンフォニーホール
- ●日本センチュリー交響楽団　ザ・シンフォニーホール
- ●兵庫芸術文化センター管弦楽団　兵庫県立芸術文化センターKOBELCO大ホール
- ●瀬戸フィルハーモニー交響楽団　サンポートホール高松
- ●岡山フィルハーモニック管弦楽団　岡山シンフォニーホール
- ●広島交響楽団　広島文化学園HBGホール
- ●九州交響楽団　アクロス福岡シンフォニーホール

オペラハウスの構造

　欧米のオペラハウスは、ロビー、客席、ステージ、バックステージが同じくらいの奥行きを持つ。ロビーや客席の装飾も凝っており、建物自体が美術品でもある。

奥舞台
主舞台に近い大きさがあり、大掛かりな転換を可能にする。上手、下手にも同規模の舞台がある。

上手舞台

下手舞台

奈落
主舞台の下にある空間。自動のセリで床を上下させ、人物や舞台装置が急に出たり消えたりする演出を可能にする。

主舞台
劇が行われるメインステージ。

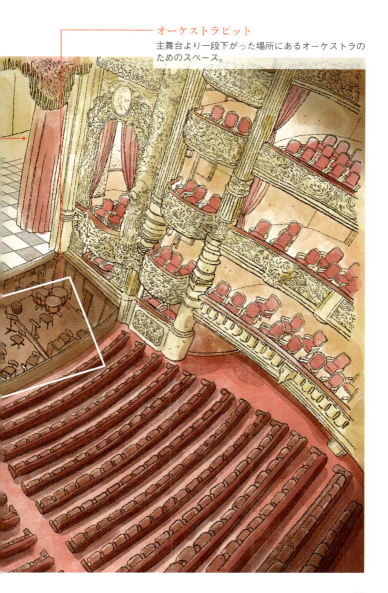

オーケストラピット
主舞台より一段下がった場所にあるオーケストラのためのスペース。

コンサート以外のクラシック

自宅・移動中に楽しむクラシック

　コンサートだけがクラシック音楽を聴く場ではない。自宅や移動中でもCDやネット配信で音楽を楽しめる。しかも、すでに亡くなった名演奏家たちの名演も聴くことができる。

　クラシック・ファンのなかにはオーディオに凝っている人も多い。これは、かなりおカネがかかる。家を建てることから始めなければならないし、電気も自分で発電したほうがいいという話にまでなる。どういうオーディオ機材を揃えたらいいかは、人それぞれ。オーディオ・ファンと名乗りたいのであれば、最低でも「給料の3か月分」は投じなければならないそうだ。自動車一台分と考えてもいい。しかし、それはあくまでオーディオ・ファンになる場合のことだ。

　オーディオ・ファンが目指すのは「原音再生」である。つまり、実際に目の前で演奏しているように再現したい。これには数千万円単位が必要だ。おカネをかければかけただけ「いい音」が出るのも事実で、私はそういう趣味はないが、知人の家で聴かせてもらったことはあり、同じ2000円のCDでも、こんなに音が違うものかと驚いた。

　しかし、極端に言えば、iPhoneでもイヤホン（ヘッドホン）に数万円をかければ、かなりいい音が出る。集合住宅で大きな音が出せない人は、そちらにおカネをかける手もある。

　CDはネット配信のおかげで売れなくなったが、クラシックはまだ売れている。お買い得なのが、亡くなった巨匠演奏家のセットもので、100枚くらいのものでも1万円するかしないか。名曲

どこにお金をかけるか?

ヘッドホン・イヤホン

PCやスマホで音楽を聴いている人が最もリーズナブルに音質を高められる方法。

DVD・ブルーレイ

オペラやコンサートのビデオ。音だけでなく、劇や演奏している姿とともに楽しめる。

SACD・DVDオーディオ

CDプレーヤーより高い音質を得られるが、専用のソフトが必要。SACDプレーヤーのなかには普通のCDも聴けるハイブリッドプレーヤーもある。

　の名演が、1枚あたり数十円で買える。指揮者やピアニスト、ヴァイオリニストのセットものを買っておけば、自動的に名曲全集が揃うことにもなる。

　音にこだわりたい人には、普通のCDとは別の規格のSACDやDVDオーディオのソフトもある。

　また、オペラやコンサートの映像のDVD、ブルーレイもある。

音楽祭に行ってみよう

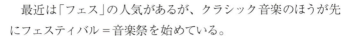

　最近は「フェス」の人気があるが、クラシック音楽のほうが先にフェスティバル＝音楽祭を始めている。

　欧米の音楽祭は、オーケストラが定期演奏会を休む夏に開かれるものが多い。

　世界で最も有名な音楽祭は、オーストリアのザルツブルク音楽祭で、1887年に始まった。毎年7月から8月にかけて約40日間にわたり、オペラとコンサートが上演される。メインのオーケストラはウィーン・フィルハーモニーだ。もともとはザルツブルク生まれのモーツァルトを称え、彼の作品を上演するために始まったが、いまではモーツァルト以外の作曲家の作品も多く上演される。

　ザルツブルクと同時期に、ドイツのバイロイトでは、ワーグナーのオペラだけを上演するバイロイト音楽祭が開かれる。チケットが取りにくいことで有名だったが、最近は取りやすくなった。

　さらにスイスのルツェルンでも音楽祭が開催されている。

　これらは著名音楽家が出演するので、何日か滞在していれば、トップクラスの演奏を集中して聴ける。

　日本でも音楽祭は各地で開催されている。ゴールデンウィークの時期に有楽町の東京国際フォーラムを中心にして開催されているのが、ラ・フォル・ジュルネTOKYO「熱狂の日」音楽祭で、フランスのナントで開催されている音楽祭の日本版だ。低料金で短時間のコンサートがいくつもの会場で開催される。

　松本の小澤征爾を総監督とするセイジ・オザワ 松本フェスティバルも、日本有数の音楽祭となった。

日本国内の主な音楽祭

●ラ・フォル・ジュルネTOKYO「熱狂の日」音楽祭
ゴールデン・ウィークに東京・有楽町の国際フォーラムを中心にして開催される。フランスのナント市で開催されていた音楽祭の日本版。毎年テーマを決め、それに合わせた曲が演奏される。期間中は毎日、1時間前後の短い演奏会がいくつもの会場で朝から晩まで開かれ、安いチケット代で海外の著名演奏家の演奏を聴ける。

●霧島国際音楽祭
毎年7月から8月に、鹿児島県霧島市で開催される。音楽家を講師とするマスタークラスも開かれている。

●セイジ・オザワ 松本フェスティバル
毎年夏に長野県松本市で開催される、小澤征爾が創立した音楽祭。当初は小澤の師であった斎藤秀雄の名をとり「サイトウ・キネン・フェスティバル松本」という名称だったが、2015年より現在の名称になった。この音楽祭のための臨時編成のサイトウ・キネン・オーケストラの演奏で、コンサート、オペラが上演される。

●パシフィック・ミュージック・フェスティバル
札幌で夏に開催される国際教育音楽祭。レナード・バーンスタインが創立に関わった。オーディションで選ばれた若い音楽家が、一流の指揮者や演奏家による指導を受け、その成果を披露する。集まった一流音楽家たちのコンサートも開かれる。

●別府アルゲリッチ音楽祭
大分県別府で4月から5月に開催される。世界的ピアニスト、マルタ・アルゲリッチが総監督となり、世界トップクラスの音楽家によるコンサートが開かれる。

●NHK音楽祭
NHKが主催し、毎年秋に渋谷のNHKホールで開催される。世界各国の有名オーケストラが出演し、テレビでも中継される。大半のオーケストラは、来日公演のスケジュールのひとつとしてこの音楽祭に出ている。

Column 2
コンサートでのマナー

服装は常識の範囲で

チケット代が2万円前後までのコンサートは平服でかまわないが、あまりにラフだと、自分が恥ずかしい思いをする。タキシードやドレスなどの正装だと、かえって浮くことも。

騒音は厳禁

曲の途中では入場できない。演奏が始まったら音は出してはいけない。咳、くしゃみも我慢。カバンなどを落とす人もいるので注意。荷物はクロークに預けるか、床に置く。紙袋をガサガサさせると響く。とにかく静粛に。

子供にはよく言い聞かせて

基本的には就学前の子は同行できない。小学生を連れて行く場合は、おとなしくしているように言い聞かせる。子供連れでも行けるファミリー・コンサートもあるので、そういうものがおすすめ。

拍手はまわりに従う

曲の途中での拍手は厳禁。交響曲など第1楽章が終わったところで拍手をする人がいるが、それはマナー違反。なれるまでは、まわりが拍手をしてからするように。

第3章
作曲家とその時代
（バロック〜古典派）

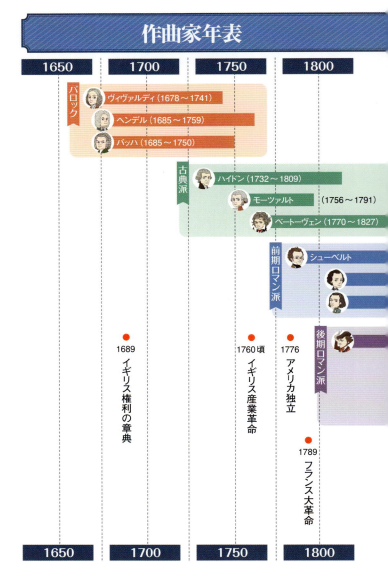

本書では17人の作曲家を紹介するが、
彼らの生きた時代をグラフ年表で見てみよう。

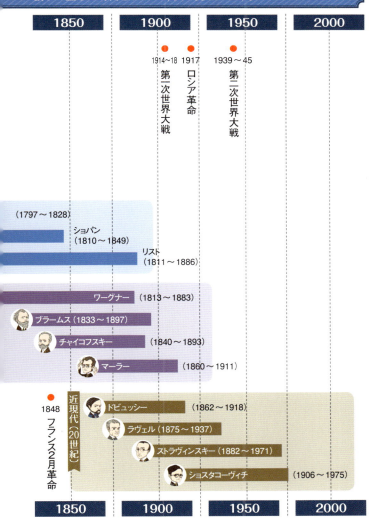

作曲家たちの時代背景を知ろう

なぜ時代背景を知る必要があるのか

　日本史は、平安時代、鎌倉時代、江戸時代と、政権のあった地名によって時代区分をしている。世界史は、古代、中世、近世、近代などだ。こういう時代区分は、後の歴史家が考え出したもので、あくまで便宜的なものにすぎない。

　音楽そのものは人類が誕生したときからあるが、いわゆる「音楽史」は1600年前後から始まる。それ以前の音楽は、楽譜が現存せず、どんな曲なのか確認できないからだ。「歴史」は物的証拠に基づいて記述されるものなので、それがない時代は、「前史」的な扱いとなる。

　1600年前後から始まる音楽史は、大雑把に、バロック、古典派、ロマン派（ロマン主義）、近現代（20世紀）に区分される。

　この400年の間にヨーロッパでは、絶対王政から市民革命を経て近代になり、帝国主義の時代もあり、世界大戦と革命の20世紀を経験し、現在にいたっている。

　この間に、さまざまな音楽家がさまざまな曲を作ってきた。

　1980年代のアイドル・ポップスと現在のJ-POPとが、どこか違うのと同じように、クラシック音楽も400年の歴史のなかで、「時代による変化」がある。

　もちろん、ひとりひとりの作曲家の「個性の違い」もあるが、それ以上に、「時代の違い」「民族の違い」がある。17世紀の音楽と19世紀の音楽、ドイツ音楽とフランス音楽は、違うのだ。

なぜ音楽は変化するのか。それは音楽家が置かれている環境が変わるからだ。バロック時代の音楽家は、キリスト教の教会か王侯貴族の宮廷楽団、あるいは歌劇場に雇われていた。彼らは一種のサラリーマンとして、曲を作り演奏しており、「自分の内面を表現」するために作っていたわけではなかった。音楽は「実用」だった。

　それが市民革命後、富裕な市民(ブルジョウジー)が台頭すると、有料の演奏会、楽譜出版といった音楽ビジネスが誕生し、その需要に合わせた音楽が求められた。音楽の「商品化」が始まり、音楽は貴族や富裕な市民の「娯楽」となった。

　こういう社会構造の変化によって、音楽も変化する。さらに楽器も発達した。いままでにない楽器が発明され、実用化されると、それに合わせた音楽が生まれてきたのだ。

バロック時代、音楽家は教会や宮廷に雇われ、命令されて音楽を作っていた。音楽家は召使いであり、芸術家とは認識されていなかった。

古典派の時代も、音楽家はまだ貴族の使用人だったが、コンサート、楽譜出版、音楽教師などで自立できる人も出てきた。ベートーヴェンの時代になると、芸術としての音楽が誕生する。

バロック時代の社会と音楽

優雅で華やかな貴族の時代

　クラシック音楽の歴史区分の最初はバロック時代。それ以前から音楽は存在していたので、あくまで、「クラシック音楽」として演奏され、聴かれている音楽の範囲での時代区分である。

　「バロック」(Baroque)とは、ポルトガル語で「真珠や宝石のいびつな形」のことを指す。といって、「いびつな音楽」という意味ではない。美術史の歴史区分で、16世紀後半から18世紀半ばまでをバロックと呼ぶようになったのを、音楽史にも導入した。バロック音楽とは「美術のバロック時代の音楽」のことで、音楽の特徴・性格の意味はない。

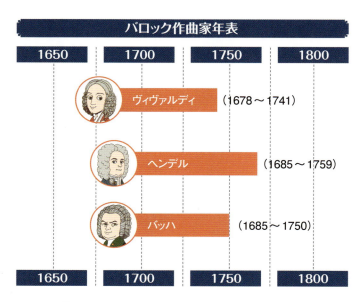

バロック絵画は暗く陰鬱なものが多く、だからこそ新しい絵画だったが、バロック音楽は「優雅」「華やか」な曲が多い。

　音楽のバロック時代は1600年前後から1750年前後までの約150年で、世界史での「絶対王政」の時代とほぼ重なる。日本では、関ヶ原の戦いがちょうど1600年、そこから江戸幕府の八代将軍徳川吉宗の時代までにあたる。

　地域としては、イタリアからフランス、ドイツ、オーストリア、そしてイギリスくらい。東欧、北欧、ロシアはまだ音楽史には登場してこない。イタリアやドイツといっても、いまのような統一国家はない。イタリアにはいくつもの都市国家があり、いまのドイツとオーストリアの地域はハプスブルク帝国が支配し、各地には領主（貴族）がいた。フランス、イギリスは絶対王政の時代で、国王の下に貴族たちがいた。

バロック音楽は時代や地域によって、さまざま。明るい曲もあれば、暗い曲もある。まずは、聴いただけで、バロック時代の音楽だと分かるようになりたい。

バロック時代は150年と長く、地域も広いので、「バロック音楽」といっても多種多様である。音楽史全体を俯瞰すると、この時代の特徴として、オペラ（劇音楽）の誕生と発展、器楽曲の発展がある。

さらに音楽の内容としては、16世紀までの音楽とは異なり、「感情の表出」がある。それ以前の音楽（ルネサンス時代の音楽）は教会音楽や宮廷音楽に限られ、それは作曲家の内面、意思や感情から生まれたものではなかったのだ。

オペラの始まり

現在の歌劇場で上演されるオペラの大半はモーツァルト以降、つまり古典派以降のものだ。バロック時代のオペラはめったに上演されない。だがその少ない機会に収録されたDVDなどがあるので、見ようと思えば見ることができる。

いまも上演される（といっても、ごくまれにだが）最古のオペラがクラウディオ・モンテヴェルディ（1567～1643）作曲の『オルフェオ』で、1607年にマントヴァで上演された。これはギリシャ神話を題材にしたものだ。

モンテヴェルディ作品は他にも現存しているものがいくつもある。それまでにも音楽劇はあったが、その歌は朗唱的なものだった。それをしっかりとした旋律にし、さらに背景の音楽も楽器ごとに指定した合奏となった点が画期的とされる。

このオペラのための器楽の合奏が、交響曲、協奏曲へと発展していくのだ。

一方、新しい音楽劇としてのオペラはフランスへ伝わる。

カストラートが活躍

　バロック時代のオペラは王宮の中にある劇場で上演されていた。観客は王や貴族たちだ。オペラはもともとルネサンス時代に古代のギリシャ悲劇の復興運動のなかから生まれたものなので、題材となるのは神話が多い。

　オペラは主催者である王や貴族が富をみせびらかすために上演されるので、豪華絢爛なものが求められた。「名作」レパートリーという概念がなく、常に新作が上演され、それは一回限りだった。無駄遣いをすることに意味があった時代なのだ。

　歌舞伎も女性は舞台に上がれないが、ヨーロッパでも同じで、女性の役は、変声期前の少年を去勢して高い声を出せるようにしたカストラートが演じていた。成功すれば、カストラートは富も得られ、国王の側近となり政治的権力を得た者もいる。

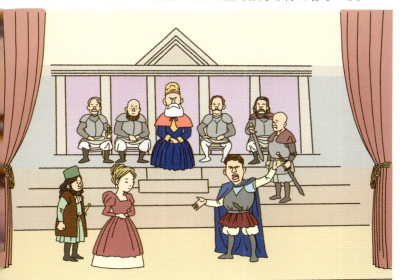

イタリアからフランス、イギリスへ

　イタリアからフランスへ伝わったオペラから、その舞踊の部分が独立して、バレエが誕生した。一方、フランス独自のオペラも作られていった。イタリア出身のジャン＝バティスト・リュリ(1632〜1687)は、フランスのルイ14世の宮廷楽団に入ると、やがて国王付き器楽曲作曲家に任命され、多くのバレエを作り、またオペラも作った。

　オペラはイギリスにも伝わり、ヘンリー・パーセル(1659〜1695)の作品が知られている。ドイツにも伝わったが、イタリアのオペラを輸入して上演する方法がとられ、ドイツ独自のオペラが生まれるのは、古典派以降となる。しかし、ドイツ出身でイギリスで活躍したヘンデルは多くのオペラを書き、近年復活上演がブームとなっている。

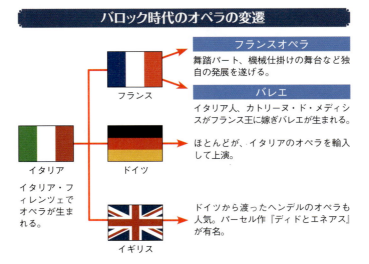

バロック時代のオペラの変遷

フランス → フランスオペラ：舞踏パート、機械仕掛けの舞台など独自の発展を遂げる。

フランス → バレエ：イタリア人、カトリーヌ・ド・メディシスがフランス王に嫁ぎバレエが生まれる。

イタリア（イタリア・フィレンツェでオペラが生まれる。）

ドイツ：ほとんどが、イタリアのオペラを輸入して上演。

イギリス：ドイツから渡ったヘンデルのオペラも人気。パーセル作『ディドとエネアス』が有名。

協奏曲の時代

　バロック時代に開花したジャンルのひとつが協奏曲（Concerto）である。その代表がイタリア、ヴェネツィアのヴィヴァルディ（1678〜1741）の『四季』だ。独奏楽器とオーケストラとが協演、あるいは競演する音楽で、古典派、ロマン派の時代、さらには20世紀になっても、多くの協奏曲が生まれてきた。

　バロックの前のルネサンス時代の音楽は、基本的に単一のメロディーの音楽だった。バロックになると複数の旋律が同時に進行する音楽となり、その象徴的なものが、協奏曲だ。

　協奏曲では、独奏とオーケストラとは異なる音楽を競い合うように演奏するが、ひとつの曲として聴こえる。かなり高度な作曲技法が用いられており、その上、演奏者にも難度の高いテクニックが要求されている。

　この時代に多く作られたのが、独奏ヴァイオリンと弦楽合奏のための協奏曲だった。古典派・ロマン派になるとピアノ協奏曲が多く作られるが、バロック時代には、まだピアノという楽器が発明されていない。ヴァイオリンの他には、フルートやオーボエなどの管楽器の協奏曲も作られた。

　協奏曲も、貴族たちの宮廷で演奏されていた。ヴィヴァルディの『四季』は、タイトルのとおり、春夏秋冬を音楽で表現しているが、それ以外の大半の曲は、物語や情景を描いたものではない。演奏家、とくに独奏者がテクニックを誇示するために作られ、その名人芸を楽しむための音楽だ。

　こうして、「歌」のない器楽だけの音楽が誕生し交響曲へ発展する。

バッハはバロックらしくない？

　バロックには貴族の音楽なので、絢爛、豪華、典雅といったイメージがあるが、この時代の代表的な音楽家であるバッハの音楽はそれとは真逆で、地味で暗く、厳かな雰囲気のものが多い。「バロック音楽」と一言でいうが多種多彩なのである。

　バッハは北ドイツのプロテスタントの地域で、教会の専属音楽家として活躍した人だ。同じキリスト教でもカトリックは豪華絢爛なのだが、プロテスタントは質実剛健だ。

　バッハは教会の音楽家だった時期と、貴族の宮廷の音楽家だった時期とがある。教会での仕事は、教会で演奏される音楽として、カンタータ（礼拝での器楽伴奏付きの声楽曲）、オラトリオ（音楽劇、ただしオペラのような舞台装置や衣装はない）などを作ることだった。バロック時代に生きながら、バッハはこの時代にもてはやされたオペラは一曲も書いていない。その意味では「バロックらしくない作曲家」でもある。

　バッハは鍵盤楽器の曲も多く書いた。オルガンだけでなく、チェンバロ（ピアノの前身で、英語ではハープシコード、フランス語ではクラヴサン）の曲も多く書いた。そのなかで有名なのが、『ゴルトベルク変奏曲』だ。

　宮廷音楽家だった時期には協奏曲や鍵盤楽器の曲など、声楽を伴わない音楽を書いた。

　鍵盤楽器のための音楽は、フランスでも流行し、フランソワ・クープラン（1668〜1733）やジャン＝フィリップ・ラモー（1683〜1764）の作品が有名だ。二人とも、教会のオルガニストの子として生まれ、父の後を継いで音楽家となった。ラモーはオペラも多く書いている。

このように「バロック音楽」はひとつではない。絢爛なオペラもあれば、躍動するヴァイオリン協奏曲もあれば、地味な無伴奏チェロの組曲もあるし、鍵盤楽器音楽もある。宮廷のための音楽もあれば教会音楽もある。

　約150年という長さ、地域的な広がりからも、さまざまな音楽があるのだ。

　西洋音楽の三大要素とされる、旋律(メロディー)、リズム、和音の原理が確立されたのがこの時代で、それは古典派、ロマン派へも引き継がれる。バロック音楽にあり、古典派やロマン派音楽にはないものは、通奏低音くらいだ。

　つまりバロック時代に、西洋音楽の構造が決まり、クラシックのみならず、ポピュラー音楽にもそれは引き継がれていったのである。

バロック時代に生まれたジャンル

バロック音楽

- 協奏曲
- オペラ
- 教会音楽
- 独奏曲
- カンタータ
- 鍵盤楽器音楽
- オラトリオ

ヴィヴァルディ

(1678～1741)

イタリア

Antonio Lucio Vivaldi

Profile
『四季』で有名なイタリア・バロック音楽の巨匠。カトリックの司祭でもあり、「赤毛の司祭」と呼ばれていた。500を超える協奏曲と、確認できるだけで52のオペラを作曲。大半が忘れられ、20世紀に再評価された。

ヴィヴァルディの人生パラメーター

存命中は有名で、裕福でもあった。司祭だったので、破天荒さや苦労・悲劇とは縁のない人生だった。作品数は多いが、現在も演奏されるものは少ないので、実質的には多くはない。没後は忘れられていたので後世への影響はない。

代表曲

ヴァイオリン協奏曲『四季』

1725年発表の『和声と創意の試み』12曲のうちの4曲、『春』『夏』『秋』『冬』をまとめて『四季』と呼ぶ。それぞれに4行詩が付され、その詩の内容を音楽で表現した。各曲とも3つの楽章からなる。日本の春夏秋冬とはイメージが異なる。

この名盤で聴く!

演奏:イ・ムジチ合奏団(WPCS-13714)

この曲を有名にしたのがイ・ムジチ合奏団。何回も録音しているが、入手しやすいものとして。

ヴィヴァルディと同時代の名曲

ヴィヴァルディはオペラ、オラトリオも数多く作曲したが、現在上演されるものはない。協奏曲もさまざまな独奏楽器のものを書いているが、『四季』以外はめったに演奏されないので、ここでは他のバロックの作曲家の名曲を紹介する。

パッヘルベルのカノン

ドイツのパッヘルベル(1653〜1706)が作曲した唯一のカノン。結婚式や卒業式、あるいは葬儀などで使われる。厳かでありながら、美しく、涙を誘う。パッヘルベルはオルガン奏者でもあった。

アルビノーニのアダージョ

「パッヘルベルのカノン」と合わせて演奏されることが多い。一度は耳にしたことのある曲。ヴェネツィアで活躍したアルビノーニ(1671〜1751)が作曲し、第2次世界大戦後の1945年に「発見」されたということになっていたが、発見者による贋作である。いかにもこの時代の曲のように作られている。

コレッリ『クリスマス協奏曲』

コレッリ(1653〜1713)はローマで活躍した。独奏楽器群と合奏が競う合奏協奏曲というジャンルを得意として、そのひとつが『クリスマス協奏曲』。クリスマス・イヴにだけ演奏される「パストラーレ」で締めくくられるので、こう呼ばれている。

ヴィヴァルディの生涯

1768年、イタリアのヴェネツィアで生まれる。

0歳

教会付属学校に入学。

10歳

父の代理で教会のヴァイオリン奏者をつとめるようになる。

13歳

司祭に任命されたが、病弱だったので、ピエタ慈善院付属音楽院の教師に。

25歳

協奏曲集『調和の幻想』出版。

33歳

初のオペラを上演。

35歳

オペラ、協奏曲の人気作曲家になる。

36歳

　1678年、イタリアのヴェネツィアで生まれた。父は理髪師だったが、ヴァイオリニストとしてサン・マルコ大聖堂の楽団で演奏もしていた。幼少期から父にヴァイオリンを習い、10歳で教会の付属学校に入学し聖職者になる勉強もした。25歳で司祭に任命され、同年からピエタ慈善院付属音楽院で作曲と合奏を指導した。音楽院の楽団はヴィヴァルディの指導でその演奏レベルが飛躍的に上がった。

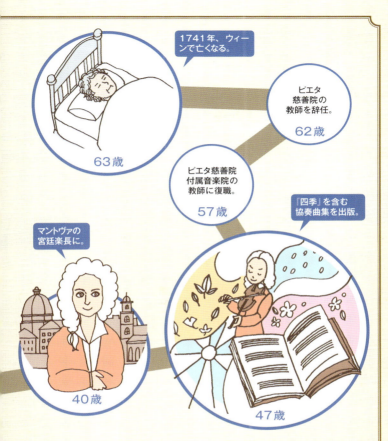

　ヴィヴァルディはピエタ慈善院の楽団のために、500曲以上のヴァイオリン協奏曲を作曲した。この中に名曲『四季』が含まれる。慈善院の仕事は兼職できたので、35歳で最初のオペラを作曲し成功すると、ヨーロッパ各地の歌劇場をまわり、確認できるだけで52のオペラを書いた。旅行中にウィーンで内臓疾患となり、63歳で亡くなった。司祭だったので生涯独身。ほとんど忘れられていたが、20世紀後半になってから再評価された。

ヘンデル

(1685〜1759)

Georg Friedrich Händel

Profile

ドイツで生まれたが、おもにイギリスで活躍したバロック時代の巨匠。オペラ、オラトリオ、カンタータを作曲。『メサイア』の中の「ハレルヤ」は日本でも有名。『水上の音楽』『王宮の花火の音楽』でも知られる。

ヘンデルの人生パラメーター

当時のイギリスで最も売れていたので、名声と経済的成功には恵まれた。作品は破天荒ではない。晩年に失明したので悲劇の要素はあるが、おおむね順調な人生。作品数は多いが、現在も演奏されるものは少ない。

代表曲
管弦楽組曲集『水上の音楽』

1715年から17年作曲。英国王ジョージ1世が、ロンドンのテムズ川で舟遊びのイベントのために作曲された曲ということで、この曲名になっているが、最近は異説もあり、作曲経緯ははっきりしない。水のある情景や物語を描いた曲ではない。

この名盤で聴く!

演奏:ジョン・エリオット・ガーディナー(指揮)、イギリス・バロック管弦楽団
(PROC-1779)

作曲された当時の楽器と奏法で演奏された盤。『王宮の花火の音楽』も収録。

ヘンデルの名曲

半世紀くらい前まで日本では、「音楽の父・バッハ」に対し、ヘンデルは「音楽の母」と称されていたが、人気の点で雲泥の差がついてしまった。コンサートでも演奏される機会は少なく、CDもそんなにない。聴く機会のありそうなものを紹介する。

管弦楽組曲『王宮の花火の音楽』

オーストリア継承戦争終結の祝宴のための音楽。花火が打ち上げられるはずが失敗したと伝えられる。

合奏協奏曲集

12番まである。いろいろな形式の曲を聴くことができる。

オラトリオ『メサイア』

このなかの「ハレルヤ」が有名。

オペラ『ジュリアス・シーザ』

ヘンデルが書いたオペラで現在も上演されるのはこれくらい。タイトルから分かるように歴史劇。

『オンブラ・マイ・フ』

オペラ『セルセ』のなかの一曲。オペラ全体はめったに上演されなくなったが、この曲はけっこう有名。歌の内容はプラタナスの木陰への懐かしさを歌ったもの。「ラルゴ」とも呼ばれる。

ヘンデルの生涯

- 0歳: 1685年、ドイツのハレで生まれる。父は医者。
- 9歳: オルガニストから作曲を学び始める。
- 17歳: 父の命令でハレ大学に入学し法律を学ぶが、音楽の道も諦めきれずドーム教会のオルガニストに。
- 18歳: 音楽家になろうとハンブルクへ。
- 19歳: オペラ『アルミーラ』をハンブルクで上演。
- 21歳: イタリア各地をまわり、鍵盤楽器奏者、作曲家として絶賛される。
- 25歳: ハノーファー選帝侯の宮廷楽長に。

　1685年、プロイセン王国のハレ（現・ドイツのザクセン＝アンハルト州）で、外科医兼理髪師の子として生まれた。父は音楽家になることに反対していた。父が亡くなった後、ハンブルクへ出て歌劇場の楽団のヴァイオリニストとなり、翌年、最初に作曲したオペラ『アルミーラ』が成功すると、本格的にオペラを学ぼうと、1706年にイタリアへ行き、1710年まで各地の歌劇場でオペラを書き、宗教音楽も学んだ。

1710年、ハノーファー選帝侯の宮廷楽長になるが、半年後に休暇を取りロンドンへ行く。その後、いったんハノーファーに戻るが、以後はロンドンを拠点として、オペラ運営会社「王室音楽アカデミー」の中心となった。英語のオラトリオというジャンルも確立し、イギリスで当代一の人気音楽家となる。1751年、左眼の視力を喪い、52年には両目を失明したが、音楽活動は続け、59年に亡くなった。生涯独身だった。

バッハ

(1685〜1750)

ドイツ

Johann Sebastian Bach

Profile

バロック時代後期の巨匠。西洋音楽の基礎を築いたとされ、日本では「音楽の父」と呼ばれる。教会で働いていたので作品は宗教音楽が多いが、鍵盤楽器の曲、管弦楽曲も多く、確認できるだけで1000曲以上、作曲した。

バッハの人生パラメーター

バッハによって西洋音楽の基礎が作られ、その基準から外れるものが破天荒となるので、バッハには破天荒さはゼロとなる。最初の妻が亡くなったのと、晩年に失明したのが悲劇だが、名声も得た順調な人生。後世への影響は計り知れない。

90 第3章 作曲家とその時代（バロック〜古典派）

代表曲
ゴルトベルク変奏曲

1741年出版。ゴルトベルク伯爵の不眠症をいやすために、バッハの弟子が演奏したという逸話から、こう呼ばれる。もとはチェンバロのための曲だが、現在ではピアノで演奏されることが多い。アリアが最初と最後にあり、30の変奏曲をはさむ、合計32曲。

この名盤で聴く!

演奏:グレン・グールド(ピアノ)
(SONY 88697806062)

1955年発売の、天才ピアニストのデビュー盤で、この曲の革命的演奏となった。

バッハの名曲

ブランデンブルク協奏曲
第6番まであり一回のコンサートでまとめて演奏されることが多い。曲ごと、楽章ごとに独奏楽器は異なる。

G線上のアリア
管弦楽組曲第3番の第2楽章のことで、19世紀に編曲されて、この愛称が付いた。災害の後や大音楽家が亡くなった直後の演奏会で追悼のために演奏されることが多い。

平均律クラヴィーア曲集
「音楽の旧約聖書」と称えられる鍵盤楽器のための曲。現在はピアノで演奏される。1巻と2巻があり、それぞれ24の全ての調による前奏曲とフーガからなる。

無伴奏チェロ組曲
20世紀になって、名チェリストのパブロ・カザルスが発見し、名曲となった。全6曲で、全曲演奏できる機会のあるチェリストは少ない。

無伴奏ヴァイオリン・ソナタとパルティータ
代表的なヴァイオリン独奏曲。多くの名ヴァイオリニストが録音している。ソナタ、パルティータそれぞれ第1番から第3番まである。

マタイ受難曲
キリストが処刑される物語の音楽。オペラではない。3時間ほどかかる大作で、バッハの最高傑作と言う人は多い。

バッハの生涯

0歳
1685年、アイゼナハで生まれる。父は市庁舎付き音楽家で親戚はみな音楽家。

15歳
リューネブルクの聖ミヒャエル教会付属学校の給費学生に。聖歌隊でボーイソプラノとして歌う。

18歳
ザクセン＝ワイマール公国の宮廷楽師に。アルンシュタットの新教会のオルガニストに。

22歳
1歳上の親戚の女性マリア・バルバラと結婚、7人の子が生まれる。ミュールハウゼンの教会のオルガニストに。

23歳
ザクセン＝ワイマール公国の宮廷オルガニストに。
この頃『トッカータとフーガ』作曲。

29歳
ザクセン＝ワイマール公国宮廷楽師長に。

　1685年、ドイツのアイゼナハで音楽家一族の家に生まれる。両親を早くに失くし、長兄に育てられた。1703年に18歳でザクセン＝ワイマール公国の宮廷楽師になり、以後、各地の宮廷楽団や教会を転々とし、オルガニスト、作曲家として活躍。その間に最初の結婚をし、7人の子が生まれた。1723年、38歳の年にライプツィヒの聖トーマス教会のカントール教会音楽家となり、同市の音楽監督に就任し、同地に落ち着く。

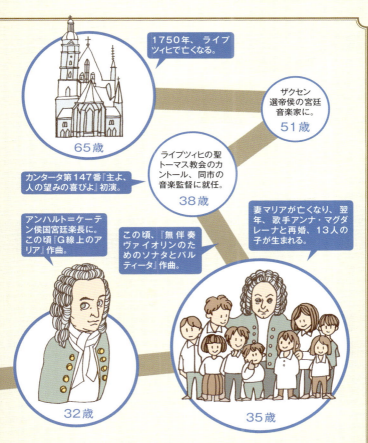

　ライプツィヒ時代は教会のために作曲し、名作『マタイ受難曲』など多くの曲が生まれた。1736年にザクセン公国の宮廷楽長に就任。最初の妻が亡くなると16歳下の歌手と再婚し、13人の子が生まれた。先妻の子と合わせ合計20人の子をもうけたが、成人した男子は5人でそのうちの4人が音楽家となった。教会音楽以外にも、さまざまなジャンルの曲を書いた。1749年に失明し、眼の手術の失敗が原因で、翌年亡くなった。

古典派時代の社会と音楽

啓蒙主義と革命の時代

　古典派、すなわち「クラシック」。18世紀後半のウィーンで流行した音楽を、19世紀後半のドイツの音楽家たちが「古典＝クラシック」と呼んだことに、この言葉は始まる。それまでは「クラシック音楽」と呼ばれるものは存在しなかったのだ。

　現代のクラシック音楽の演奏家たちは、自分たちが演奏している曲は「クラシック」だと自覚しているが、モーツァルトやベートーヴェンは、自分の音楽が「クラシック」だとは思っていない。では、彼らが自分たちよりも前のバッハやヘンデルを「クラシック」だと思っていたかというと、それも違う。

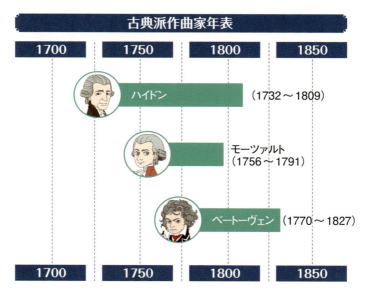

「古典派」と呼ばれるが、正確には「ウィーン古典派」で、ハイドン、モーツァルト、ベートーヴェンの3人をいう。みなウィーンで活躍したからだ。この3人が19世紀後半に「ウィーン古典派」と呼ばれ、やがてその時代の音楽全般を、「古典派時代の音楽」と呼ぶようになった。しかし、オーストリアにも3人以外に多くの音楽家がいたし、イタリア、フランス、イギリスでも多くの音楽家が、それぞれの音楽を作っていた。この時代の全ての音楽が同じだったわけではないのは、バロック音楽がひとつではないのと同じだ。

　18世紀後半は、アメリカ独立とフランス大革命という、ヨーロッパを揺るがす大事件が起きた時代である。各国の絶対王政は崩壊し、市民階級が台頭していく。その時代に生きたのが、ハイドン、モーツァルト、ベートーヴェンだった。

フランス革命によって王政が倒れ、市民の時代が到来した。啓蒙思想の流行で、音楽を芸術として鑑賞する人びとが増え、音楽家は全身全霊をかけて作曲するようになった。

音楽家の新たな収入源

　イギリスの産業革命は18世紀後半に始まり、19世紀の1830年代に達成された。この産業革命によって「労働者」という新たな階級が生まれ、工場、商社、銀行を経営する「中流階級」「市民」が成長した。

　こうした社会構造の変化から啓蒙思想が生まれ、これが「基本的人権」という考え方につながり、1776年にアメリカ独立、1789年にフランス大革命が起きた。

　バロック音楽の時代は絶対王政の時代と重なるが、古典派音楽の時代は啓蒙思想と市民革命の時代と重なる。

　音楽家の地位は相変わらず低く、教会か宮廷楽団の雇われ人のままだったが、富を得てきた富裕な市民層が音楽を聴く層に加わった。

　市民は裕福であっても貴族ではないので、宮廷の音楽は聴くことができない。そこに登場したのが公開演奏会だった。有料で、おカネを払えば誰でも聴ける演奏会だ。音楽に市場というものが生まれたのである。

　さらに出版技術の普及で、楽譜出版というビジネスが生まれた。これにより音楽は商品化され、貴族や富裕な市民層は音楽を聴くだけでなく、自分でも演奏して楽しむようになった。

　自分でも演奏したくなると、それを教えてくれる音楽教師が必要となる。音楽を教えられるのは音楽家である。

　かくして市民革命の時代、音楽家には、公開の有料演奏会での出演料、楽譜出版の原稿料、音楽教師のレッスン料という新たな収入源が生まれた。音楽家たちは、教会や宮廷楽団の雇われ人ではなくなっていくのだ。

ハイドンとイギリスの資本主義

　ハイドン（1732〜1809）は若い頃はフリーの音楽家だったが、1761年からハンガリーのエステルハージ侯爵家の宮廷楽団に雇われ、30年近く勤めた。当主の死で宮廷楽団が解散されたのが1790年で、50代の終わりだった。その前年にフランス大革命が起きている。

　ハイドンはフリーになると興行師の誘いを受け、演奏旅行でロンドンへ行き、新作の交響曲を披露した。イギリスは産業革命をいちはやく達成し、資本主義が発達していたので富裕な市民層が多く、音楽のマーケットが成立していたのだ。ロンドンには二度行き、いずれも成功した。以後はウィーンに住みながら音楽を作っていた。晩年は病気で作曲はできなくなっており、ナポレオンがウィーンへ侵攻するなか、亡くなった。

古典時代の音楽家の収入源

有料コンサートにおける出演料

楽譜の原稿料

音楽教師としてのレッスン料

フランス大革命とモーツァルト

　モーツァルト（1756〜1791）が故郷ザルツブルクからウィーンに出てくるのは、1781年だった。その前年の1780年に女帝マリア・テレジアが亡くなっている。神聖ローマ帝国（いまのオーストリア、ドイツなど）皇帝はヨーゼフ2世で、その妹がフランス王妃マリー・アントワネットだ。

　モーツァルトはマリー・アントワネットと同世代で、幼い頃に出会っている。フランス大革命が起きて、マリー・アントワネットが処刑されたのが1793年だが、モーツァルトはその2年前に亡くなった。モーツァルトのオペラの代表作である『フィガロの結婚』（1786年）は貴族をからかう喜劇であり、フランス大革命の前兆とも言える。それまでのオペラは神話を題材にし、王を称える内容のものだったが、変化していたのだ。

音楽家と関わりのあった時の権力者たち

マリー・アントワネット

フランス国王ルイ16世の王妃で、フランス大革命で処刑された。モーツァルトが幼少期に、彼女の前で御前演奏をし、プロポーズしたとの逸話がある。

ナポレオン・ボナパルト

フランスの軍人にして政治家。フランス大革命後の混乱を利用し軍事政権を樹立、皇帝に即位した。ベートーヴェンだけでなく、当時の多くの人を魅了した。

ベートーヴェンとナポレオン

　ベートーヴェンは1770年に生まれた。フランス皇帝となるナポレオンが生まれたのは1769年。2人は同時代人である。

　ベートーヴェンが生地ボンからウィーンへ出たのは、フランス大革命のさなかの1792年、ナポレオンがフランス軍で頭角を現すのは1793年なので、出世しだすのも同時期だった。

　ウィーンで暮らすようになると、ベートーヴェンはすぐにピアニスト・作曲家として人気が出たが、難聴となった。一時は自殺も考えたが立ち直り、傑作を書いていく。

　1804年、ベートーヴェンは音楽史上の最重要曲である交響曲第3番『英雄』を書き、当初はこの曲をフランスの英雄であるナポレオンに献呈しようとした。しかし、まさにその時、ナポレオンが皇帝に即位した。ベートーヴェンはナポレオンを「革命家」と思っていたので、皇帝になったと知り「奴も俗物に過ぎなかったか」と思い、献呈を止めたという逸話がある（異説もある）。

　このように、ベートーヴェンとナポレオンは直接の交友はなかったが、同時代人として生きた。

　モーツァルトまでの世代と異なり、ベートーヴェンはどこの宮廷にも教会にも雇われたことがない。最初からフリーランスだった。ピアニスト・作曲家として公開演奏会を開き、作品を出版して収入を得ていた。自立した音楽家として最初の世代である。ベートーヴェンは貴族の後援を受けていたが、雇用関係はなく、平等な立場で付き合った。

交響曲が「意味のある音楽」へ

　ハイドンは4楽章形式の交響曲という形式を確立したが、その音楽は、何かの物語や情景を描いたものではなかった。ハイドンの交響曲も、モーツァルトの交響曲も「音楽そのもの」であった。

　貴族の宮廷で演奏されていた時代の音楽は、BGMの一種だったので、客にとっては食事や会話がメインであり、音楽は心地よければそれでよかった。

　だが公開演奏会の時代になると、まさに「音楽を聴くために集まった人々」のために音楽が作られるようになる。このように音楽が芸術として鑑賞されるものへと変化したときに生まれたのが、1804年のベートーヴェンの交響曲第3番である。

音楽は晩餐会や式典のために作られていた。BGMなので、邪魔にならなければよく、深みのある音楽は少ない。教会音楽はあくまで宗教行為として演奏されるものだった。

音楽を聴くために集まる「コンサート」が誕生し、人びとは芸術鑑賞として音楽を聴くようになった。

「英雄」という愛称で有名な第3番は、まずスケールの点で破格だった。ハイドン、モーツァルトの交響曲は長くても20分台、ベートーヴェンの1番と2番もその枠内に収まっていたが、「英雄交響曲」は50分近くかかる。長くなっただけでなく、第2楽章の緩徐楽章を葬送行進曲とし、第3楽章にメヌエット（舞曲）ではなく、スケルツォ（諧謔曲）を置いた。こうした構成上の変化もあるが、内容も深みのある、重いものへと変化した。

　ベートーヴェンのさらなる革命が第6番『田園』で、この曲においてベートーヴェンは、田園風景のイメージを音楽化した。同時期に作られた第5番は、日本では『運命』として有名だが、これは俗称で、別に運命を描いた曲ではないが、これも構成上、従来にない手法がとられている。こうした交響曲の改革の末に、人類愛と、連帯を謳い上げる第9番に到達するのだ。

ストーリー重視になったオペラ

　交響曲だけでなくオペラも変化した。歌劇場は宮廷の中から都市へ進出し、所有者は王侯貴族だったとしても、独立採算制となり、おカネを払えば誰でも見ることができるようになった。こうして富裕な市民たちが新たなオペラの観客となった。それとは別に、庶民のための劇場も作られた。

　客層が王侯貴族からブルジョワジーになると、神話を題材とし王を称えるような内容のオペラは人気がなくなった。また、カストラートなど歌手の技巧を優先としたものも飽きられ、まず演劇としてのストーリーが重視され、そのドラマを音楽として表現するものへと変化した。豪華な衣装とセットのもとで、歌手が高音を出せばよかったオペラは、高度な音楽劇へと深化した。モーツァルトは近代的オペラの先駆者でもあった。

ハイドン

(1732〜1809)

Franz Joseph Haydn

オーストリア

Profile

フランス大革命に象徴される「近代の幕開け」の時代に活躍し、ウィーン古典派と呼ばれる。侯爵家の宮廷音楽家の後、フリーランスに。「交響曲の父」と呼ばれ、このジャンルの様式を確立。長生きしたので作品数は膨大。

ハイドンの人生パラメーター

交響曲、弦楽四重奏曲の形式を作った人なので、基本的に破天荒さはないが、曲のなかには変わったものもある。若い頃は苦労し、また妻とは不仲だったので、悲劇度もある。いまも演奏される曲が多い。

代表曲
交響曲第 94 番『驚愕』

1791 年作曲。ロンドンへの演奏旅行で披露するために作曲された曲のひとつ。100 曲以上あるハイドンの交響曲の中で最も有名なもの。『驚愕』は愛称で、あとから付けられた。何も知らないで聴いていくと、第 2 楽章でびっくりする箇所があるため。

この名盤で聴く！

演奏：ヘルベルト・フォン・カラヤン（指揮）、ベルリン・フィルハーモニー管弦楽団
(UCCG-5217)

最強のオーケストラで重厚な響きが聴ける。他に第 100 番『軍隊』、第 101 番『時計』も収録。

ハイドンの名曲

交響曲第 45 番『告別』
最後の楽章では自分のパートが終わると、奏者がひとりずつステージから出て行くという演出がある。ハイドンが、楽団員が早く家に帰りたがっていることを雇い主に知らせるために考えたらしい。

交響曲第 103 番『太鼓連打』
第 1 楽章冒頭にティンパニの連打があるのでこの愛称で呼ばれている。イギリス滞在中に書かれた。

交響曲第 104 番『ロンドン』
ハイドンは二度ロンドンへ行き、合計 12 の交響曲を書いた。最後が 104 番で『ロンドン』という愛称で呼ばれている。ロンドンの印象を音楽にしたのではない。

ロシア四重奏曲
弦楽四重奏曲第 37 番から 42 番までの 6 曲。ロシア大公に献呈されたのでこう呼ばれる。この一連の曲で弦楽四重奏曲の形式が完成された。

オラトリオ『天地創造』
オペラから大道具、小道具、衣装を除いた音楽劇がオラトリオ。旧約聖書に基づく、天地創造の 6 日間が描かれる。ハイドンのオラトリオでは『四季』も有名。

ハイドンの生涯

1732年、オーストリアのローラウに生まれる。父は車大工。
0歳

ウィーンのシュテファン大聖堂の少年聖歌隊に入る。49年に変声期で解雇。
8歳

教会の屋根裏部屋に住み、作曲を学び始める。
18歳

モルツィン伯爵家の楽長に。
27歳

ハンガリーのエステルハージ侯爵家の宮廷楽団の副楽長に。
29歳

宮廷楽長に昇進。
34歳

　1732年、オーストリアで車大工の子として生まれる。ウィーンへ出て、シュテファン大聖堂の少年聖歌隊に入り、変声期で解雇された後は教会の屋根裏部屋に住み、作曲を学んだ。この下宿の大家の娘と結婚。1761年にハンガリーのエステルハージ侯爵家の宮廷楽団に入り、66年には楽長に昇進。この楽団で演奏するために、室内楽曲、交響曲を多く作り、このジャンルの様式を確立した。宮廷楽団に歌劇団が常設されると、

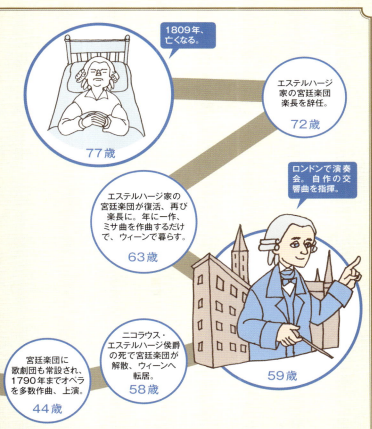

オペラも多数作曲。1790年にエステルハージ家の当主が亡くなると宮廷楽団は解散。ハイドンはウィーンへ転居し、フリーランスの作曲家になった。1791年と94年には興行師の招きでロンドンへ行き、新作交響曲を指揮し人気と多額の報酬を得た。95年にエステルハージ家の宮廷楽団が再建されると、再び楽長になり、1804年までつとめる。1809年、77歳で亡くなった。妻は芸術に理解がない悪妻だったらしい。子はいない。

(1756〜1791)

モーツァルト

Wolfgang Amadeus Mozart

オーストリア

Profile
5歳で最初の作曲をし、35歳で亡くなった「神童」にして「夭逝の天才」。短い生涯に書いた曲はCDにして200枚以上。しかもオペラから交響曲、協奏曲、室内楽曲、器楽曲とジャンルも多彩。史上最も有名な作曲家。

モーツァルトの人生パラメーター

お金にはいつも苦しんでいたが、存命中から名声はあった。この時代としては、斬新な音楽が多く、時代に早すぎた面もある。父との不和、35歳での死など悲劇度は高い。作品数は多く、いまもなお演奏される曲の率も高い。

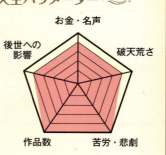

第3章 作曲家とその時代（バロック〜古典派）

代表曲
交響曲第40番

モーツァルトの名曲はたくさんあるが、最も有名なのはこの曲。1788年、亡くなる3年前の作品。存命中に演奏されたかどうか、何の目的で作られた曲なのかは、よく分からない。第1楽章は哀しく、切ない、モーツァルトのイメージを確立させた。

この名盤で聴く!

演奏:ヘルベルト・フォン・カラヤン（指揮）、ウィーン・フィルハーモニー管弦楽団

(UCCD-7419)

モーツァルトと生地が同じカラヤンと、彼らが活躍したウィーンのオーケストラの組み合わせ。

モーツァルトの名曲

五大オペラ

『後宮からの誘拐』『フィガロの結婚』『コジ・ファン・トゥッテ（女はみんなこんなもの）』『ドン・ジョヴァンニ』『魔笛』の5作。いまも世界中で上演されている。

交響曲第41番『ジュピター』

最後の交響曲で、最高神ジュピターのようだとの意味で、この愛称が付いた。

ピアノ協奏曲第20番

27番まであるピアノ協奏曲のなかで21番とともによく演奏される。暗い曲だが、それが革命的だった。

ヴァイオリン協奏曲

第3番と第5番がよく演奏される。

『アイネ・クライネ・ナハトムジーク』

曲名は知らなくても、誰もが聴いたことのあるはずの曲。

レクイエム

謎の人物から依頼され、書いている最中に亡くなり、未完の遺作となるというドラマチックなエピソードも有名。

モーツァルトの生涯

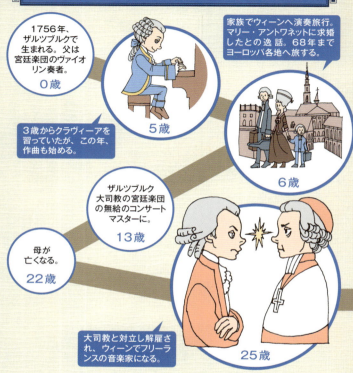

- 1756年、ザルツブルクで生まれる。父は宮廷楽団のヴァイオリン奏者。 **0歳**
- 3歳からクラヴィーアを習っていたが、この年、作曲も始める。 **5歳**
- 家族でウィーンへ演奏旅行。マリー・アントワネットに求婚したとの逸話。68年までヨーロッパ各地へ旅する。 **6歳**
- ザルツブルク大司教の宮廷楽団の無給のコンサートマスターに。 **13歳**
- 母が亡くなる。 **22歳**
- 大司教と対立し解雇され、ウィーンでフリーランスの音楽家になる。 **25歳**

　1756年、ザルツブルクで宮廷楽団のヴァイオリニストの子として生まれる。神童として知られ、5歳で最初の作曲をし、家族でヨーロッパ各地に演奏旅行した。ウィーンでは皇帝一家の御前演奏をし、後のフランス王妃マリー・アントワネットと会った。少年期からザルツブルク宮廷楽団で働いていたが、1781年、25歳の年に大司教に逆らい解雇され、フリーに。結婚をめぐっては父に反対され、絶縁する。

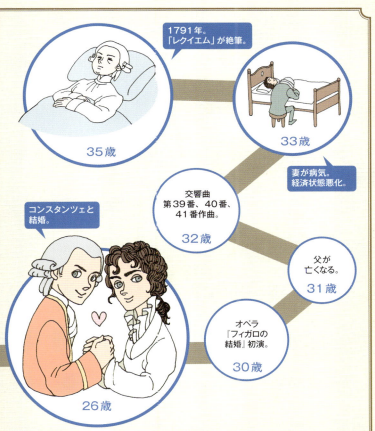

　自作のピアノ協奏曲の公開演奏会という画期的収入源を生み出し、楽譜の出版と家庭教師と合わせて、フリーの音楽家のビジネスモデルを確立した。オペラ、交響曲、協奏曲、室内楽曲、宗教曲とあらゆるジャンルの曲を書き、35歳で短い生涯を終える。その急死にはさまざまな説があり、小説、戯曲、映画の題材となる。妻は悪妻として有名だが夫婦仲はよく、2人の子のうち、ひとりは音楽家になった。

ベートーヴェン

(1770〜1827)

Ludwig van Beethoven

Profile

「楽聖」と称えられる音楽史上最大の巨人。難聴に苦しんだドラマチックな生涯にはさまざまな逸話も。フランス大革命の時代に青少年期を過ごし、近代の幕開けの時代に、音楽を技術から芸術へと大転換させた天才。

〜 ベートーヴェンの人生パラメーター 〜

クラシックの代名詞と言って過言ではない人なので、全ての要素が最高ランクとなる。作品の絶対数ではもっと多い人もいるが、演奏時間で考えると、長い曲が多い。また、現在でも演奏される率はずば抜けている。

代表曲
ピアノ・ソナタ第23番『熱情』

1807年出版。『悲愴』、『月光』とともに三大ピアノ・ソナタのひとつとされる。タイトルは楽譜出版社が付けたものだが、この曲のイメージを表している。劇的で、スケールが大きく、深遠な雰囲気があり、いかにもベートーヴェンらしい。

この名盤で聴く!

演奏:ヴラディーミル・ホロヴィッツ(ピアノ)
(SICC-30360)

20世紀最大のピアニストによる、三大ソナタのアルバム。とにかく迫力が他と違う。

ベートーヴェンの名曲コレクション

交響曲第3番『英雄』
交響曲の常識を打ち破った革命的な曲。

交響曲第5番
日本では『運命』の愛称で知られる。最も有名なクラシック音楽かもしれない。

交響曲第6番『田園』
標題付きの交響曲。第4楽章「嵐」はディズニー・アニメ『ファンタジア』で使われた。

交響曲第9番
「歓喜の歌」で知られる合唱が第4楽章にあるので知られる。年末に演奏されるのは日本だけ。

ピアノ独奏曲第5番『皇帝』
最後のピアノ独奏曲で、『皇帝』の愛称で知られる。ピアノ独奏曲の中の皇帝だという意味で、ベートーヴェン本人が付けたのではない。

ピアノ・ソナタ第14番『月光』
32のピアノ・ソナタのなかでは『熱情』と、第8番『悲愴』とこの『月光』が三大ソナタと呼ばれる。しかし、この3曲以外にも、17番『テンペスト』、21番『ワルトシュタイン』、26番『告別』、29番『ハンマークラヴィーア』、30・31・32番の後期三大ソナタなども名曲。

ヴァイオリン・ソナタ第5番『春』
10曲あるヴァイオリン・ソナタのなかで最も有名なのが『春』と、第9番『クロイツェル』。

ベートーヴェンの生涯

1770年、ボンで生まれる。祖父は宮廷楽団の楽長、父も宮廷楽団の音楽家。
0歳

父から音楽を学び始める。
6歳

ケルンでピアニストとしてデビュー。
8歳

ウィーンへ旅行し、モーツァルトと会う。母が亡くなる。

作曲を本格的に始める。1785年に宮廷オルガン奏者に。
13歳

ハイドンに師事するためウィーンへ。

17歳
注:モーツァルトと会った確証はない。

22歳

　1770年、ドイツのボンで生まれた。祖父の代から宮廷楽団の音楽家で、父から音楽を叩き込まれ、7歳で神童としてデビューした。11歳で宮廷楽団に入り、アルコール中毒となり働かなくなった父に代わって、家計を支えた。母の死後、1792年に後援者の援助でウィーンへ。最初はハイドンに師事したが、すぐにフリーの音楽家として活躍し、1795年に最初の公開演奏会を開いて成功する。

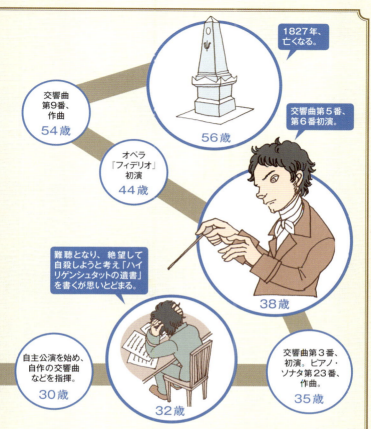

ピアニストとしても人気があったが、1800年頃から難聴となり、一時は自殺も考えた。立ち直った後は『英雄』『運命』『田園』などの交響曲を相次いで発表。ピアノ・ソナタ、弦楽四重奏曲などにも名曲は多いが、オペラは『フィデリオ』一作しか完成しなかった。1824年に不朽の名曲となる交響曲第9番を発表。27年に56歳で亡くなり、葬儀には数万人が参列した。恋愛感情を抱いた女性は何人かいたが、生涯、独身だった。

Column 3
音楽用語あれこれ　その2

曲の用法

| ディヴェルティメント | 楽器編成はさまざま。複数の楽章をもつ器楽曲のこと。昔は「嬉遊曲」と訳した。モーツァルトの作品が有名。 |

| トッカータ | もとは鍵盤楽器のための即興的で技巧的な曲。転じて、急速な打鍵を繰り返す曲の題名に付けられることも。 |

| ラプソディ | 「狂詩曲」とも訳す。特定の形式によらない器楽曲のことで、英雄的、叙事的、民族的な曲が多い。 |

| エチュード | 「練習曲」とも訳す。ショパンのものが有名で、入門者のための練習用の曲ではなく、演奏技巧を磨き、披露する曲。 |

| エレジー | 「悲歌」とも訳すが、歌とは限らない。悲しい音楽、死者を追悼する音楽。 |

| ワルツ | 「舞曲」で3拍子。ウィンナー・ワルツが有名。もともとは舞踏会で踊るための音楽だったが、いまはコンサートでの観賞用音楽となった。 |

| カンタータ | 器楽伴奏のついた声楽曲のこと。教会音楽に多い。 |

| マーチ | 行進する時の伴奏音楽で2拍子が多い。転じて、行進している情景を描いた音楽のことも。 |

第4章
作曲家とその時代
(ロマン派〜近現代)

前期ロマン派時代の社会と音楽

　19世紀から20世紀初頭まで続いたのが、ロマン主義の時代。ロマン派ともいう。ナポレオンが失脚し、ベートーヴェンが亡くなったあたりから始まり、第一次世界大戦頃まで続くが、1850年頃を境に前期と後期に分ける。ちょうど1850年前後に、18世紀から19世紀初頭にかけて生まれた作曲家たちが亡くなったのと、1848年のフランス２月革命から派生したヨーロッパの革命で社会が大きく変わったことから、区切りがいいのだ。

ロマン派という精神の革命

　19世紀に入ると、18世紀の啓蒙主義の理性偏重と合理的な思考に対する反動としてロマン主義が生まれた。感情を重視し、

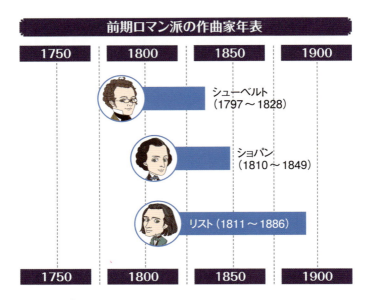

自由を求める精神が根底にある。単純に言えば、「生きたいように生きよう」という考えに基づく芸術だ。文学、演劇、美術で先行し、音楽もそれに続いた。ロマン主義は、とくに文学や美術においては明確な芸術運動だったが、音楽の場合、運動としての要素は薄い。

ロマン主義作品に共通するのは、「感情の解放」としての恋愛の賛美、民族意識、中世への憧憬、自然の崇拝といった特徴だ。これは、国民国家という考えにも発展していく。

「ロマン」のもともとの意味は「ローマ的」で、これはローマ帝国の公用語であるラテン語に対して、庶民が使っていたロマンス語で書かれた、中世の騎士物語などの娯楽読み物のことだ。このような物語を音楽で描いたものも、ロマン派音楽には多いが、ロマン派とはそれだけではない。

文学、美術、哲学の世界で大流行したロマン主義が、音楽にも影響を与えた。文学と音楽を融合させた歌曲や交響詩などが作られた。楽器も進歩し、演奏技術も高くなり、超絶技巧の曲も作られた。

音楽の巨大化と物語化

　バロックから古典派にかけて、音楽にはさまざまな様式が確立されたが、ロマン派になると、完成された様式を破壊し、自由な形式で書かれた音楽が生まれる。作曲家たちは、それぞれの感性を重視して、書くようになるのだ。

　最も大きな変化が、標題音楽という「物語や情景など何かを描いた音楽」の誕生である。その萌芽はベートーヴェンの『田園交響曲』にあるので、ベートーヴェンはロマン派の先駆けでもあった。

　バロックから古典派への変化がある日突然に起きたのではなかったように、古典派からロマン派への以降も、なだらかだ。ベートーヴェンの音楽はその両方にまたがっており、ベートーヴェンの影響を受けた次世代がロマン派である。

　大きなコンサートホールが各地に建てられたことも音楽の変化をもたらした。オーケストラの人数は増え、楽器も大きな音が出るように改良が進んだ。とくに鍵盤楽器はピアノがより大きな音が出せるようになったため、それにふさわしい作品が生まれるようになる。

　もうひとつの大きな特徴が「名曲」の誕生である。18世紀までの演奏会は、作曲家が新曲を披露する場だった。そのため、作曲家たちは多作を強いられていた。これまでのものと似ていてもかまわないが、とにかく新曲を求められ、自作自演が基本だった。したがって、作曲家が亡くなると、作品は忘れられ、演奏されることはなかったが、19世紀になると、過去の曲、亡くなった作曲家の曲も演奏されるようになった。

　今日に直結する「クラシック音楽業界」が生まれるのだ。

音楽家が世襲ではなくなる

　バッハ、モーツァルト、ベートーヴェンは、みな父親が音楽家という家に生まれ、親から教わって演奏と作曲の基礎を学んだ。音楽家は専門的な職業で幼少期からの訓練が必要で、また身分が低かったので、青年期になってから「音楽家になろう」と決意してなる人などいなかったのだ。

　だが19世紀になり、音楽が富裕な市民の趣味として定着してくると、「音楽家の子」ではない青年が音楽家を志すようになる。それを後押ししたのが、「音楽院」だった。フランスで大革命の頃にパリ音楽院が開校し、音楽家の養成を始めると、各国にもできた。親子間、教会などでの徒弟制度で教えるのではなく、近代的な教育機関として音楽を教えるようになったのだ。さらに作曲の公募コンクールも生まれ、埋もれていた才能の発見につながっていった。

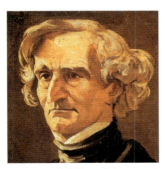

フランスの作曲家、エクトール・ベルリオーズ。父親は開業医。家業を継ぐため医科大学に入学したが、パリで音楽にのめりこみ、父親の大反対にあいながらもパリ音楽院で学び、作曲コンクールで優勝し、世に出た。

パリ音楽院

　ベルリオーズの学んだパリ音楽院（現在ではパリ国立高等音楽・舞踊学校）は1795年から現在まで続く歴史ある音楽院である。ベルリオーズのほかにもサン＝サーンス、ビゼー、ドビュッシー、ラヴェル、サティも学んだ。ピアニストなど演奏家養成機関としても世界最高レベルである。

「名曲」と「名演奏家」の誕生

　1829年、20歳になったメンデルスゾーンは、100年以上前に初演されて以来忘れられていたバッハの大作『マタイ受難曲』を指揮して復活上演した。これにより忘れられていたバッハの再評価が始まった。

　メンデルスゾーンは作曲家だったが、指揮者でもあり、ライプツィヒの楽団の音楽監督になると、過去の名曲をプログラムに入れ、新曲ばかりだった演奏会を改革した。それを支えたのが、富裕な市民であり知識人たちだった。こうして「名曲」という概念が誕生した。

　さらに、ヴァイオリニストのパガニーニや、ピアニストのリストなど、超絶技巧の名演奏家も活躍するようになる（彼らは作曲もした）。

バッハの宗教音楽は、教会内で演奏されるものだったが、コンサートとして演奏すれば、きっと評価される。

バッハは亡くなった後も、一部の作曲家の間では評価され、手本とされていたが、一般には忘れられていた。メンデルスゾーンはバッハの偉大さを知っていたので、私財を投じて、バッハ作品の復活上演をした。これが「死んだ音楽家の過去の作品」を上演するきっかけとなった。

パリが「芸術の都」に

　フランスは大革命の後、混乱期が続いたが、19世紀に入り、ナポレオンが権力を握って、いったん落ち着いたかに見えた。しかし、ナポレオンが失脚すると王政復古となった。

　1830年、フランスでは市民による7月革命が起きて、復古王政が倒れ立憲君主制となった。この時にパリで新しい音楽を書いていたのがベルリオーズで、彼の『幻想交響曲』は音楽史上の革命となった。同じ頃に祖国ポーランドを旅立ったのがショパンで、やがてパリで暮らし、寵児となる。

　1830年からの7月王政の時代が前期ロマン派時代と重なる。パリは音楽の最大消費地となり、イタリアやドイツの作曲家、演奏家もパリを目指した。そのパリで流行したのが、グランド・オペラだった。実在の事件や人物を題材にした歴史劇を、大規模オーケストラを用いた劇的な表現の音楽で描き、さらに合唱団が演じる大群衆も必ず登場し、劇中にバレエのシーンもあり、舞台装置も衣装も豪華なものだ。パリの新興ブルジョワジーの成金趣味に合わせたもので、ショー的な面白さはあるものの娯楽色が強く、芸術性に欠けていた。グランド・オペラは一時のブームで終わってしまうが、その大規模なオーケストラ音楽は次の世代の音楽に影響を与えた。

　パリがまたも革命の激震に見舞われるのが1848年の2月革命だ。それと前後してメンデルスゾーン（1809〜1847）、ショパン（1810〜1849）、シューマン（1810〜1856）が相次いで亡くなった。彼らは同世代で友人同士でもあった。

シューベルト

(1797～1828)

Franz Peter Schubert

オーストリア

Profile

「歌曲王」と呼ばれた時期もあるが、交響曲、ピアノ・ソナタ、室内楽曲にも多くの名曲がある。31歳と短い生涯だが作曲したのは1000曲以上。没後に発見された『未完成交響曲』が代表作となり、悲劇色が強い。

シューベルトの人生パラメーター

存命中は、それほど名声はなかった。青少年期には父との対立があり、若くしての死と、悲劇度は高い。歌曲というジャンルを確立させた点で、後世への影響は大きいが、結果論でもある。作品数は多い方。

代表曲
歌曲集『白鳥の歌』

「歌曲王」の代表作として、シューベルト最後の歌曲集を紹介する。没後に出版された際に、「白鳥は死ぬ直前に美しい声で鳴く」という伝説から、このタイトルが付けられた。ハイネなど3人の詩人の詩に曲を付けたもので全14曲だが、相互の関係はない。

この名盤で聴く！

演奏:鈴木准（歌）、巨瀬励起（ピアノ）
(COCQ-85417)

作詞家・松本隆が日本語に訳した。歌曲は原語で聴くべきとの意見もあるが、入門として。

シューベルトの名曲

『未完成交響曲』
没後発見された曲。第2楽章までしかなく、第3楽章は冒頭の数小節しかなかったので、「未完成」とみなされた。比類なく美しい曲なので、『未完成交響曲』という愛称で演奏され、名曲中の名曲となった。

交響曲第8番『グレート』
最後の交響曲で当時としては大作で1時間以上かかる。没後、イギリスで出版された際に「ザ・グレート」と表記されたことで、以後、この呼び方が定着した。

弦楽四重奏曲第14番『死と乙女』
第2楽章がシューベルト自身の歌曲『死と乙女』を引用しているのでこの愛称が付いた。この曲は標題音楽ではない。

ピアノ五重奏曲『ます』
5楽章まであり、第4楽章がシューベルト自身の歌曲『ます』の変奏曲でもあるので、この愛称がついた。別に魚の「ます」を描いた曲ではない。

ピアノ・ソナタ第19番から第21番
シューベルトの最後のソナタ3曲。同時期に書かれたので、正確にどの順番かは分かっていない。「3部作」とも呼ばれる。シューベルトの到達点として知られる。

『さすらい人幻想曲』
4楽章のピアノ独奏の幻想曲。第2楽章が歌曲『さすらい人』によることからこの愛称が付いた。

シューベルトの生涯

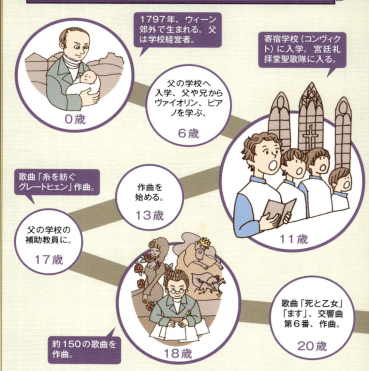

0歳 — 1797年、ウィーン郊外で生まれる。父は学校経営者。

6歳 — 父の学校へ入学、父や兄からヴァイオリン、ピアノを学ぶ。

11歳 — 寄宿学校(コンヴィクト)に入学。宮廷礼拝堂聖歌隊に入る。

13歳 — 作曲を始める。

17歳 — 父の学校の補助教員に。歌曲「糸を紡ぐグレートヒェン」作曲。

18歳 — 約150の歌曲を作曲。

20歳 — 歌曲「死と乙女」「ます」、交響曲第6番、作曲。

　1797年、オーストリアのウィーン郊外で、学校経営者の子として生まれた。父も兄もアマチュアの音楽家だった。幼少期から父と兄にヴァイオリンとピアノを習うが、才能が見出され、専門的な音楽教育を受けるようになる。11歳で、寄宿制の神学校に入り、学生オーケストラの一員になる。また、ウィーンの宮廷の少年聖歌隊のメンバーにもなった。この時期にサリエリからイタリア式の歌曲の作曲を学んだ。

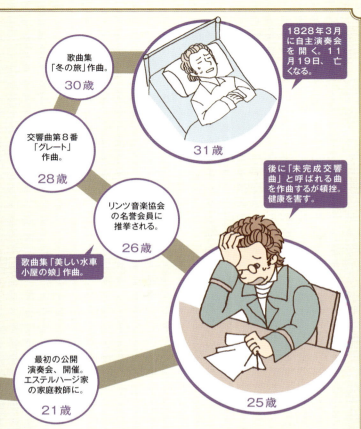

- 30歳 歌曲集「冬の旅」作曲。
- 31歳 1828年3月に自主演奏会を開く。11月19日、亡くなる。
- 28歳 交響曲第8番「グレート」作曲。
- 26歳 リンツ音楽協会の名誉会員に推挙される。
- 25歳 後に「未完成交響曲」と呼ばれる曲を作曲するが頓挫。健康を害す。
- 歌曲集「美しい水車小屋の娘」作曲。
- 21歳 最初の公開演奏会、開催。エステルハージ家の家庭教師に。

　母の死後、父の経営する学校で教員見習いとして働きながら、作曲を続けた。やがて神学校時代の友人が経済的に援助してくれるようになり、学校を辞めて作曲に専念できるようになる。友人たちは、シューベルトの曲を聴くためのサロン演奏会も開いてくれ、歌曲の出版にも尽力した。ピアノ・ソナタ、室内楽曲、オペラも手がけるようになった。しかし、これからという時に、31歳で病死。生涯、独身だった。

（1810〜1849）

ショパン

Frédéric François Chopin

Profile

「ピアノの詩人」と呼ばれるように、作曲した曲のほとんどがピアノ曲という異色の作曲家。ポーランド人だがフランスのパリで活躍し、ピアニストとしても人気があった。男装の女性作家サンドとの恋愛劇でも知られる。

ショパンの人生パラメーター

浪費家としても知られるが、それだけ稼いでいたからでもある。よく考えると前例のない曲ばかりで、かなり破天荒。あまりに特異なので後継者もいないから影響度は低いが、誰にも真似ができないということでもある。

代表曲

英雄ポロネーズ

1842年作曲。英雄を描いたわけではなく、この曲が英雄的なので、この愛称が付いた。ショパンには繊細なイメージがあるが、こういう雄大な曲もある。ポロネーズはポーランドの舞曲という意味だが、これは舞曲ではない。

この名盤で聴く！

演奏：アルトゥール・ルービンシュタイン（ピアノ）
(SICC-30063)

ショパンと同じポーランド人のピアニスト、ルービンシュタインのベスト・アルバム。

ショパンの名曲

ピアノ・ソナタ第2番
第2楽章の「葬送行進曲」が有名。ドラマチックな曲。

ピアノ協奏曲第1番
ショパンの数少ないオーケストラ曲でもある。

12の練習曲（エチュード）
作品10には「別れの曲」「革命」の愛称で知られる曲がある。「練習曲」といっても、初心者用ではなく、演奏会用の曲。

24の前奏曲集（プレリュード）
第15番が「雨だれ」の愛称で知られる。オペラなどの前奏曲とは異なる。

舟歌（バルカローレ）
歌ではなくピアノ独奏曲。とくに舟の物語があるわけではない。

幻想ポロネーズ
「幻想」といっても魔法や妖精ではなく、「自由な曲」という意味。

バラード第4番
4曲あるバラードの最後の曲で、ピアニストにとって難易度が高いので有名な曲。ショパン絶頂期の作品。

華麗なる大円舞曲
ショパンはワルツをいくつも書いているが、最初に出版されたもので、最も有名なもの。踊るための曲ではなく、観賞用のもの。

ショパンの生涯

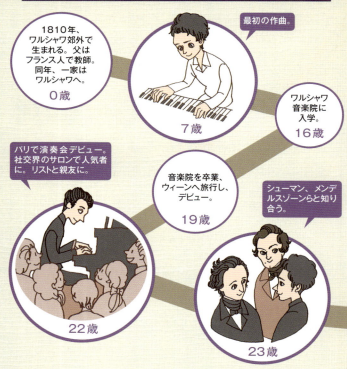

- 1810年、ワルシャワ郊外で生まれる。父はフランス人で教師。同年、一家はワルシャワへ。 0歳
- 最初の作曲。 7歳
- ワルシャワ音楽院に入学。 16歳
- 音楽院を卒業、ウィーンへ旅行し、デビュー。 19歳
- パリで演奏会デビュー。社交界のサロンで人気者に。リストと親友に。 22歳
- シューマン、メンデルスゾーンらと知り合う。 23歳

　1810年、ポーランドのワルシャワ近郊で生まれ、すぐにワルシャワへ転居。父はフランス人で教員、母はポーランド人。両親とも趣味で楽器を弾く、音楽好きな家庭だった。6歳から専門の音楽教育を受け、7歳で最初の作曲作品が出版され、8歳でピアニストとして公開演奏会に出て、天才と称えられた。16歳でワルシャワ音楽院に入学し、音楽理論と作曲を学ぶ。ピアノについては、学ぶ必要がないほど優れていた。

イギリスへ旅行。ヴィクトリア女王の前で演奏。体調を崩す。
38歳

1849年、パリで亡くなる。
39歳

サンドと破局。「子犬のワルツ」、作曲。
37歳

ピアノ・ソナタ第3番、作曲。
34歳

「英雄ポロネーズ」、作曲。
32歳

パリへ戻り、サンドとの生活が始まる。
29歳

サンドと駆け落ちするように、スペインのマジョルカ島へ。
28歳

女性作家サンドと出会い、恋に落ちる。
26歳

　1830年、故郷と永遠の別れとなるとも知らずに旅立ち、ウィーンへ行くが、芽が出ず、翌年にパリへ向かった。パリでは貴族や富豪たちのサロンで人気が出て、同世代のリストとは親友、ライバルになった。自身がピアニストであったため、作品の大半はピアノ曲。男装の女性作家ジョルジュ・サンドと恋に落ち、7年ほど同棲するが、正式な結婚はしなかった。サンドと別れた後の1849年、39歳で亡くなった。

リスト

(1811～1886)

ハンガリー / ドイツ

Franz Liszt

Profile

ハンガリー人だが、フランス、ドイツなどで活躍。若い頃は美男ピアニストとして空前の人気を誇った。伯爵夫人との不倫の駆け落ちなど人生はドラマチック。「交響詩」というジャンルを確立。ピアノ曲を中心に作品数は膨大。

リストの人生パラメーター

存命中の名声は最高ランク。交響詩というジャンルを作った点で、破天荒度が高い。生涯トータルでは悲劇的要素は低いが、若い頃は苦労した。作品数は編曲ものを含めると膨大。ピアノ演奏における後世への影響度が高い。

代表曲
超絶技巧練習曲

1826年、15歳の年に最初に書かれ、1852年に第3稿が書かれた。練習曲というタイトルだが、素人ではとても弾けず、当初はプロでも誰も弾けないだろうとされた。全12曲で構成され、第4曲『マゼッパ』、第5曲『鬼火』などがとくに有名。

この名盤で聴く!

演奏：ジョルジュ・シフラ（ピアノ）
（WPCS-23080）

「リストの再来」と称されたハンガリー出身のピアニストによる演奏。

リストの名曲

『前奏曲』
いわゆる前奏曲ではなく、『前奏曲』という標題の交響詩。「人生は死の前奏曲」という詩を音楽にしたもの。

メフィスト・ワルツ 第1番～第5番
ファウスト伝説にインスピレーションを得たピアノ曲。第1番が有名。

ピアノ・ソナタ ロ短調
単一楽章のピアノ・ソナタで、スケールの大きな曲。

『巡礼の年』
村上春樹の小説で広く知られるようになったピアノ曲。若い頃に旅をしたときのスイスやイタリアのイメージを曲にした。「第1年 スイス」が9曲、「第2年 イタリア」が10曲、「第3年」が7曲。

『愛の夢』
もとは歌曲だったが、ピアノ独奏曲に編曲した。3曲からなり、第3番が有名。

コンソレーション（慰め）
第6番まであるが第3番がとくに有名。

ハンガリー狂詩曲
全19曲のピアノ曲集で、第2番が有名。管弦楽曲に編曲されてもいる。

スペイン狂詩曲
難易度が高いピアノ曲として知られる。スペインを旅した時の印象をもとにした。

リストの生涯

1811年、ハンガリーのライディングで生まれる。父はエステルハージ家の会計係で、アマチュアのチェロ奏者。
0歳

ウィーンへ移住し、ピアノと作曲を学ぶ。
5歳

ショパンと知り合う。
21歳

ダグー伯爵夫人マリーと不倫の恋に落ち、翌年、娘が生まれる。
23歳

マリーとの間に次女コジマが生まれる(のちのワーグナーの妻)。
26歳

ピアニストとしてヨーロッパ各地を巡業。スター・ピアニスト時代。
28歳

　1811年、ハンガリーでエステルハージ家の使用人の子として生まれた。父はアマチュアだがチェロ奏者で、息子に才能があると知ると、鍛え上げた。9歳で公開演奏会を開きピアニストとしてデビューし、ウィーンでも成功。パリ音楽院に入ろうとしたが、外国人という理由で入学できなかった。パリではサロンで演奏し、天才少年として人気が出た。16歳で父が亡くなり、パリでピアノの家庭教師で生計を立てる。

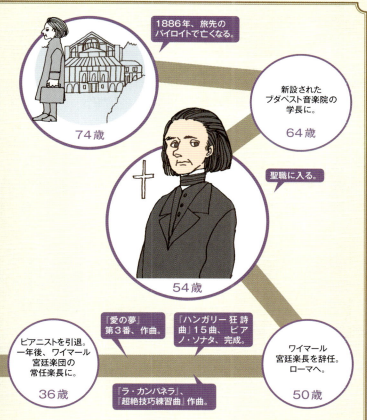

- 1886年、旅先のバイロイトで亡くなる。 74歳
- 新設されたブダペスト音楽院の学長に。 64歳
- 聖職に入る。 54歳
- 『愛の夢』第3番、作曲。
- 『ハンガリー狂詩曲』15曲、ピアノ・ソナタ、完成。
- ピアニストを引退。一年後、ワイマール宮廷楽団の常任楽長に。 36歳
- 『ラ・カンパネラ』、『超絶技巧練習曲』作曲。
- ワイマール宮廷楽長を辞任。ローマへ。 50歳

　貴族の令嬢との恋が破れると引きこもり生活になったが、数年で立ち直り、ピアニストとして絶大な人気を得た。この時期に現在のリサイタルの形式を作った。1848年にピアニストを引退し、ワイマールの宮廷楽長になり、作曲に専念。その後、ローマに移住すると聖職者になり、74歳で死去。不倫の恋が多く正式な結婚はしなかったが、3人の子がいて、娘はワーグナーの妻になった。生涯に約1400曲を作曲した。

後期ロマン派時代の社会と音楽

帝国と民族主義の時代

　1848年、ヨーロッパ各国で武装蜂起が起きたのを皮切りに、19世紀後半は各国で体制変革が起きた時代だった。1848年を区切りとして、後期ロマン派と呼ぶ。

　フランスでは1830年の7月革命に続き1848年にまたも革命が起き、第2共和政が生まれた。しかし1852年にナポレオン3世によるクーデターで第2帝政となり、さらに1871年のパリ・コミューンを経て、1875年には第3共和政となる。

　イタリアは1859年から60年にかけて統一戦争があり、イタリア王国が誕生した。ドイツはプロイセンを中心に1871年に

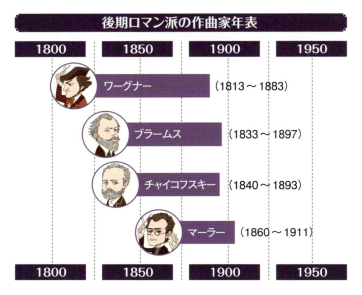

後期ロマン派の作曲家年表

| 1800 | 1850 | 1900 | 1950 |

- ワーグナー （1813〜1883）
- ブラームス （1833〜1897）
- チャイコフスキー （1840〜1893）
- マーラー （1860〜1911）

ドイツ帝国として統一された。

イギリスはヴィクトリア女王の時代で、大英帝国として世界経済の覇者となった。ロシア帝国は1861年に農奴解放、1881年に皇帝アレクサンドル2世の暗殺事件と激動の時代が続く。ロシアが弱体化していくと、ボヘミアやポーランドの独立運動が盛んになった。アメリカは1860年の大統領選挙で奴隷解放を主張するリンカーンが勝つと、61年に奴隷制存続を主張する南部11州が合衆国を離脱し、北部23州との間で南北戦争が起き、65年に終わった。

こうした世の中の動きは音楽にも影響し、国民楽派と呼ばれる音楽が登場した。またアメリカが新たな音楽市場となり、多くの音楽家が大西洋を渡った。

日本の明治維新もこの時代で、西洋音楽が輸入され、「日本のクラシック音楽の歴史」も始まった。

作曲家といえば、イタリア、ドイツ、フランス人が大半だったが、19世紀後半になると、ロシアや東欧、北欧でも、クラシックの音楽家が誕生し、その民族独自の音楽を作っていく。

交響詩という新ジャンル

　ベートーヴェンの『田園交響曲』によって本格的に始まった標題音楽の管弦楽曲は、ベルリオーズの『幻想交響曲』でさらに進化した。この『幻想交響曲』初演に立ち会ったリストは、標題音楽をさらに推し進め、「交響詩」というジャンルを確立した。最初にリストが「交響詩」と名付けたのが、各国で革命が起きた1848年に書かれた『前奏曲』である。これは「人生は全て死の前奏曲にすぎない」という意味の詩を音楽化したものだった(標題音楽についてはp46参照)。

　「交響詩」(Symphonic Poem)は歌詞はなく、オーケストラだけで演奏される。クラシック音楽の有名曲のなかには、交響詩が多い。タイトルがあるし、ストーリーらしきものが感じられるので、親しみやすいからだ。

　ロマン主義は文学や美術と音楽が融合した時代なので、交響詩とオペラはそれにぴったりだった。さらに民族主義も特徴のひとつだ。ワーグナー(1813〜1883)はドイツの神話や伝説を題材にしたオペラばかりを書き、ロマン主義の代表になる。

　一方、ロマン主義の時代に生きながらも、オペラも交響詩も書かなかったのが、ブラームス(1833〜1897)だ。バッハやベートーヴェンを敬愛していたブラームスは古典派時代までに確立された形式を守った曲が多く、保守的とされる。

　ブラームスは若くして世に出たが、遅咲きだったのがブルックナー(1824〜1896)だ。音楽的にはワーグナーの影響を受けていたが、オペラや交響詩には関心がなかった。1時間を超える長大な交響曲を9曲遺している。続くマーラー(1860〜1911)も長大な交響曲ばかり書いた。

ロシア5人組とチャイコフスキー

　19世紀後半になって、音楽史にイタリア、フランス、ドイツ、イギリス以外の作曲家が登場した。もちろん、音楽は大昔から世界中に存在しているが、イタリアで確立された作曲技法と音楽理論に基づいて、ロシアや東欧・北欧で音楽が作られるようになるのが、この時代からなのだ。

　ロシア最初の作曲家とされるのがグリンカ（1804〜1857）で、その次の世代が「ロシア5人組」と呼ばれるバラキレフ、キュイ、ボロディン、リムスキー＝コルサコフ、ムソルグスキーたちだ。バラキレフ以外は正規の音楽教育を受けず、趣味で始めた人たちだった。

　その次の世代がチャイコフスキー（1840〜1893）で、ドイツやフランスでも認められた。

ロシア5人組

「ロシア音楽の父」と呼ばれるグリンカ（1804〜1857）の弟子たちで、バラキレフがリーダー。ロシア独自の音楽を創るべきとの考えで、反西洋、反アカデミズム、反プロフェッショナリズムを共通理念とする。彼らの次に登場したのがチャイコフスキー。

バラキレフ（1837〜1910）
代表作はピアノ曲『イスラメイ』。

キュイ（1835〜1918）
ほとんど知られていなく、演奏される機会は少ない。

ムソルグスキー
（1839〜1881）
代表曲：『禿山の一夜』、オペラ『ボリス・ゴドゥノフ』、『展覧会の絵』など。5人の中では最も有名。

ボロディン
（1833〜1887）
代表曲は交響詩『中央アジアの草原にて』、『夜想曲』。

リムスキー＝コルサコフ
（1844〜1908）
代表曲は交響組曲『シェエラザード』。

チェコと北欧の音楽家

　チェコのボヘミアの国民楽派は、スメタナ（1824〜1884）とドヴォルザーク（1841〜1904）の2人がよく知られている。ボヘミアの民族色溢れる曲を作り、なかでもスメタナの交響詩『わが祖国』はチェコの国歌のような音楽である。ドヴォルザークはアメリカへ行き音楽を教えている。ノルウェーのグリーグ（1843〜1907）、フィンランドのシベリウス（1865〜1957）も、民族色を盛り込んだ曲を書いた。活躍するのは20世紀になるが、ハンガリーにはバルトーク（1881〜1945）がいる。

　国民楽派の音楽は、メロディーがその国の民謡などを元にしていて、いかにもその国らしいのと、その民族の歴史や伝説、神話を題材にしたオペラや交響詩を作ったという特徴があり、民族主義を鼓舞する役割も果たした。

ベドジフ・スメタナ
（1824 〜 1884）

チェコ音楽の祖と謳われる作曲家。『わが祖国』の中でもボヘミアのモルダウ川を描いた第2曲目「モルダウ」は一度は耳にしたことがあるだろう。他にも多数のオペラや弦楽四重奏曲を書いた。

アントニン・ドヴォルザーク
（1841 〜 1904）

スメタナと双璧をなすチェコを代表する作曲家。ブラームスに見いだされ『スラヴ舞曲』で有名になった。交響曲第9番「新世界より」が最も有名だが、弦楽セレナーデやチェロ協奏曲など多くの名曲がある。

ワーグナーとヴェルディのオペラ改革

　クラシック音楽の中心であるイタリアとドイツは、ともに小国が割拠していたが、19世紀後半になって、統一国家が誕生した。

　ワーグナーは1848年のドイツの3月革命で、ドレスデン蜂起の指導者のひとりだった。ヴェルディは統一されたイタリア王国の国会議員だった時期もある。この2人は1813年に生まれ、オペラばかりを書いたという点で共通しているだけでなく、政治にコミットした音楽家という共通点も持つのだ。さらに音楽ビジネスにおいても長けていた。

　オペラ作曲家は歌劇場の専属だった時代が長い。オペラを書くのは日常的な仕事であり、次から次へと書かなければならなかった。再演されることはめったにないし、たとえ再演されても報酬は安く、払われないこともあった。ヴェルディは作曲家としての著作権を明確にし、楽譜出版社を代理人とすることで、ロイヤリティ収入を確保したのだ。

　一方、ワーグナーは蜂起が失敗に終わると指名手配される身分となった。借金もかさみ、身動きがとれなくなったところに救いの手を出してくれたのが、バイエルン王国の若き王ルードヴィヒ2世で、その庇護のもと、ワーグナーはバイロイトの地に劇場を建て、自分の作品だけを上演する音楽祭を開催した。

　2人とも、ある意味では事業家でもあったのだ。身分の低い雇われ人だった音楽家は、芸術家という自由業を経て、ヴェルディとワーグナーの時代には企業家にもなったのだ。

ワーグナー

(1813〜1883)

ドイツ

Richard Wagner

Profile

長大なオペラ10曲が有名で「歌劇王」とも呼ばれた。亡命、借金、乱れた異性関係と波乱の人生でも知られる、音楽史上最も毀誉褒貶の激しい作曲家。文学と音楽を融合させてオペラを改革し、20世紀音楽を先取りした天才。

ワーグナーの人生パラメーター

借金とスキャンダルが多いので名声度は低い。破天荒さは空前絶後。苦労はしたが、まわりを不幸にしたタイプなので当人の悲劇度は低い。作品数は少ないが、名曲度は高い。オペラを変えたので影響度は高い。

代表曲

『トリスタンとイゾルデ』

1865年初演。ワーグナーの最高傑作。超大作『ニーベルングの指環』4部作がなかなか完成しないので、その間に作られたもの。不倫の物語。全曲だと4時間くらいかかるが、前奏曲と最後のシーンの音楽だけが、よく演奏される。

この名盤で聴く！

演奏：ヘルベルト・フォン・カラヤン（指揮）、ジェシー・ノーマン（歌）、ウィーン・フィルハーモニー管弦楽団
(UCCG-90699)

『トリスタンとイゾルデ』の前奏曲と「愛の死」が収録されているライブ録音盤。

ワーグナーの名曲

ワーグナーが自分の作品のために始めたバイロイト音楽祭で上演されるのは10のオペラ。上記『トリスタンとイゾルデ』を除く9作品は下記。いずれも3時間から5時間の大作だが、序曲、前奏曲だけが、コンサートで演奏されることも多い。どの曲もオーケストラが重厚な音楽を奏でるので、一流のオペラハウスの演奏で聴きたい。

『さまよえるオランダ人』

この世と煉獄の間をさまよう幽霊船伝説をもとにした作品。2時間ちょっととワーグナー作品のなかでは短い。

『タンホイザー』

中世の吟遊詩人の物語。

『ローエングリン』

白馬の騎士が出てくる幻想的な物語。ルートヴィヒ2世が好んだ。

『ニュルンベルクのマイスタージンガー』

喜劇に分類されるが、哲学的。

『ニーベルングの指環』

下記の4作からなる超大作。北欧神話に基づいた神々の世界の物語。『ラインの黄金』『ワルキューレ』『ジークフリート』『神々の黄昏』。

『パルジファル』

オペラではなく「舞台神聖祝祭劇」と自ら名付けた宗教色の強い作品。

ワーグナーの生涯

1813年、ライプツィヒで生まれる。父は警察署の書記だったが、すぐに亡くなり、母は俳優と再婚。兄や姉は歌手、俳優。
0歳

ライプツィヒ大学に入学、作曲を学び始める。
18歳

女優ミンナと結婚。
23歳

ロシア帝国領リガ(現在のラトビア)の劇場で指揮者に。
24歳

ドレスデンで歌劇『リエンツィ』初演、成功。
29歳

ドレスデンで『さまよえるオランダ人』初演。

ドレスデン宮廷歌劇場の指揮者に。
30歳

　1813年、ナポレオン戦争のさなかに、ライプツィヒで警察署の書記の子として生まれた。父はすぐに亡くなり、母は父の友人の俳優と再婚。兄や姉にも俳優や歌手が多いが、作曲家はいない。独学で音楽を学び、演劇にも興味があった。20歳で劇場の合唱指揮者となり、最初は指揮者として歌劇場で活躍、自分でもオペラを書くようになる。ワーグナーのオペラは自分で台本も書いたところが、他の作曲家との決定的な違いだった。

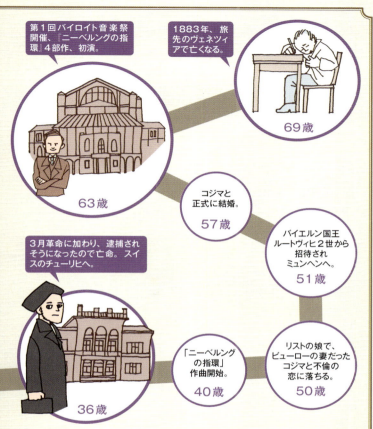

　29歳でオペラがようやく成功し、30歳でドレスデン宮廷歌劇場の指揮者になった。しかし1848年の3月革命に参画したため、逮捕されそうになり亡命。借金を重ね、リストの娘コジマとW不倫の恋に落ちるなど、波乱の人生を送る。バイエルン王国のルードヴィヒ2世の援助を得て、バイロイトに自前の劇場を建て、音楽祭を開催し、いまも続いている。反ユダヤ主義でも知られ、ナチス・ドイツに利用された。

ブラームス

(1833〜1897)

Johannes Brahms

Profile

バッハ、ベートーヴェンと並ぶ「ドイツ音楽三大B」のひとり。後期ロマン派の時代に生きたが、古典派の形式で作曲。オペラ以外のたいがいのジャンルを作曲。シューマンに見出され、その没後は妻クララを支え、生涯独身。

ブラームスの人生パラメーター

存命中から名声はあった。破天荒さはなく、革新性はあるのだが地味。クララ(シューマンの妻)との関係は悲恋で悲劇かもしれないが、確証がないので不明。作品数は歌曲を除くと、そう多くはない。何かを変えたイメージは希薄。

代表曲

交響曲第１番

1876年初演。尊敬するベートーヴェンの交響曲に匹敵するものをとの思いから、書きはじめてから完成まで21年かかった。標題はなく、古典的な様式で書かれた交響曲で、当時の音楽の流行からは離れていたが、古典的名曲となった。

この名盤で聴く！

演奏：パーヴォ・ヤルヴィ（指揮）、ドイツ・カンマーフィルハーモニー
(SONY 19075869552)

名盤はあまたあるので、最新のドイツのオーケストラの演奏として、この盤を紹介する。

ブラームスの名曲

交響曲第２番
標題はないが、第１楽章がベートーヴェンの『田園交響曲』のように牧歌的なので、「ブラームスの田園」と呼ばれることも。

交響曲第３番
フランソワーズ・サガンの『ブラームスはお好き』を映画化した『さよならをもう一度』で第３楽章が使われた。メランコリックな曲。

交響曲第４番
第１番と並んでよく演奏される。ブラームス自身は４曲の交響曲のなかでこれが一番気に入っていた。

ヴァイオリン協奏曲
ベートーヴェン、メンデルスゾーンのものとともに三大ヴァイオリン協奏曲とされる。大作感のある、雄大な曲。

クラリネット五重奏曲
弦楽四重奏にクラリネットを加えた編成で、４楽章からなり、40分近くかかる大作。

７つの幻想曲
「幻想曲」というタイトルには意味がないそうで、７曲からなる、ピアノ曲集。晩年の作品で、暗く寂寥感に満ちているが、これが到達点だった。

ドイツ・レクイエム
ドイツ語によるレクイエム。キリスト教の宗教音楽ではあるが、教会で演奏するためではなく、コンサート用に作られた。

ブラームスの生涯

1833年、ハンブルクで町の劇場の楽団のコントラバス奏者を父にして生まれた。6歳で父からヴァイオリン、チェロを学び、7歳からピアノ教師につき、10歳でピアニストとしてデビューし、注目された。ハンブルクで随一の音楽家に師事し作曲も学ぶようになったが、家計を助けるため酒場で演奏したこともある。1853年、20歳の年にシューマンと会い、才能を認められ、出版の後押しをしてもらい、作曲家として世に出た。

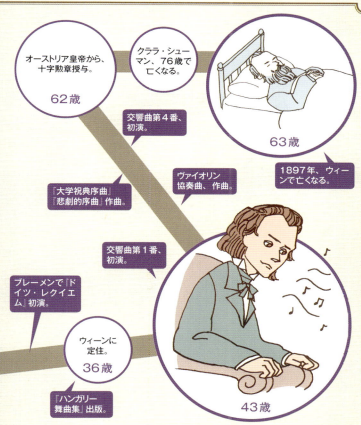

シューマンが自殺未遂事件を起こして入院してからは、その妻クララを助けるためデュッセルドルフで暮らす。シューマンが亡くなった後もクララを支えた。29歳の年にウィーンで演奏会を開いてデビューし、36歳からウィーンに定住、39歳でウィーン楽友協会芸術監督になった。宮廷楽団や歌劇場に雇われたことはなく、フリーランスの音楽家として生き、クララが1896年に亡くなると、その翌年に亡くなった。生涯、独身。

(1840〜1893)

チャイコフスキー

Pyotr Ilyich Tchaikovsky

Profile

ロシアを代表する作曲家。『白鳥の湖』などのバレエ、オペラ、交響曲、協奏曲、室内楽曲など、多くのジャンルに名作が多い。交響曲第6番『悲愴』の初演直後に急死し、悲劇的イメージが強いが、功成り名遂げた人生。

チャイコフスキーの人生パラメーター

人気のある作曲家だったので名声は高い。『悲愴交響曲』が静かに終わるところや、ピアノ協奏曲第1番のスケールは破天荒。女性関係での苦労と、予期せぬ急死で悲劇度は高い方。作品数、影響度とも、高くはない。

代表曲
ピアノ協奏曲第1番

1875年初演。ピアノ協奏曲というジャンルのなかで最も有名な曲のひとつ。壮大にして華麗に始まり、スケールの大きな音楽が続き、ロシアの大地を感じさせる。標題はなく、物語も具体的情景もないが、気高さを感じさせる名曲。

この名盤で聴く!

演奏:**スヴャトスラフ・リヒテル(ピアノ)、ヘルベルト・フォン・カラヤン(指揮)、ウィーン交響楽団**
(UCCG-90470)

ロシアの名ピアニストと、音楽界の帝王の組み合わせ。これに勝る名盤はない。

チャイコフスキーの名曲

交響曲第6番『悲愴』

完成してから「悲愴」というタイトルが付けられた。その名のとおり、哀愁感に満ちた曲。初演から9日後にチャイコフスキーがコレラで急死したこともこの曲の悲劇性を高めた。

三大バレエ

「チャイコフスキーの三大バレエ」と呼ばれるが、同時に世界三大バレエでもあるのが、『白鳥の湖』『くるみ割り人形』『眠りの森の美女』の3作。バレエとしても頻繁に上演されるが、コンサート用に編曲された組曲もあり、よく演奏されるしCDも多い。バレエは苦手という人でも、音楽だけは聴いておきたい。

オペラ『エフゲニー・オネーギン』

原作はプーシキン。恋愛ドラマだが、深い。華やかな舞踏会のシーンもあれば決闘のシーンもあり、見どころは満載。

ピアノ三重奏曲『偉大な芸術家の思い出に』

ピアノ、ヴァイオリン、チェロの三重奏曲。50分近くかかり、ピアノのパートは難曲として知られる。三人の大演奏家が揃っての演奏で聴きたい。

ヴァイオリン協奏曲

当時の名ヴァイオリニストに初演を依頼すると「演奏不可能」の理由で拒否された難曲だが、いまは協奏曲の定番。

チャイコフスキーの生涯

- 1840年、ロシアのヴォトキンスクに生まれる。父は鉱山の首席査察官。 **0歳**
- 法律学校を卒業し、法務省に入る。 **21歳**
- 法務省に勤務しながら音楽学校に通う。 **23歳**
- 新設されたサンクトペテルブルク音楽院に入学。 **24歳**
- 新設されたモスクワ音楽院の教授に。 **26歳**
- 「ロシア5人組」との交流が始まる。 **28歳**
- ピアノ協奏曲第1番、アメリカで世界初演され、大成功。 **35歳**

　1840年、ロシアのヴォトキンスクで、鉱山の首席査察官を父にして生まれた。音楽とは縁の薄い家庭で育ち、親の希望で法律学校を卒業し、法務省に入った。しかし在学中から音楽を学んでおり、法律家の道へ進むのをやめた。24歳でサンクトペテルブルク音楽院の第一期生となり、卒業すると、モスクワ音楽院の教授になった。ムソルグスキーなど「ロシア5人組」との交流も始まる。

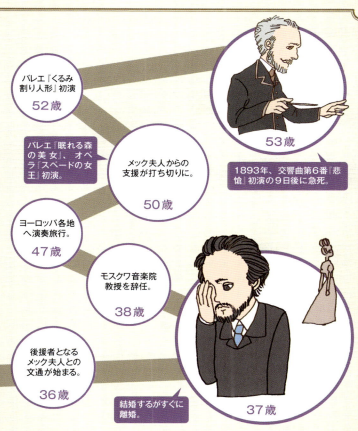

- バレエ『くるみ割り人形』初演
  52歳
- バレエ『眠れる森の美女』、オペラ『スペードの女王』初演。
- メック夫人からの支援が打ち切りに。
  50歳
- ヨーロッパ各地へ演奏旅行。
  47歳
- モスクワ音楽院教授を辞任。
  38歳
- 後援者となるメック夫人との文通が始まる。
  36歳
- 結婚するがすぐに離婚。
- **37歳**
- **53歳** 1893年、交響曲第6番『悲愴』初演の9日後に急死。

　1866年、26歳で最初の交響曲とオペラを作曲。35歳の年にピアノ協奏曲第1番が成功する。富豪のメック夫人との文通が始まり、後援者になってもらう。その援助のもと、オペラ、バレエ、交響曲などを次々と作曲し、モスクワ音楽院教授を辞任し、作曲に専念する。ヨーロッパだけでなくアメリカへも演奏旅行した。音楽院の生徒と電撃結婚するもすぐに破局を迎えた。『悲愴交響曲』初演の直後に急死した。

マーラー

(1860〜1911)

オーストリア

Gustav Mahler

Profile
存命中は当代一のオペラ指揮者として活躍し、現在では完成した9つの長大な交響曲で知られる。後期ロマン派の最後の巨人。画家クリムトとともにウィーン世紀末芸術を彩る音楽家。妻アルマは奔放な「新しい女性」だった。

◆ マーラーの人生パラメーター ◆

指揮者としての名声は高かったが、作曲家としては、没後に名声。交響曲の長さは破天荒。事件が多く、悲劇度は高い生涯。作品数は少ないが、演奏される率は高い。没後のブームという意味で影響度もなくはない。

第4章 作曲家とその時代(ロマン派〜近現代)

代表曲
交響曲第5番

1902年完成。マーラーが結婚した、人生の絶頂期に書かれた曲。第4楽章が映画『ベニスに死す』で使われ、マーラー・ブームのきっかけとなり、以後、日本のテレビドラマでも時々使われている。標題はなく、5楽章まである長い曲。

この名盤で聴く!

演奏:レナード・バーンスタイン（指揮）、ウィーン・フィルハーモニー管弦楽団
(UCCG-90780)

マーラーを得意としたバーンスタインが、マーラー自身も振ったウィーン・フィルを指揮。

マーラーの名曲

マーラーの完成した交響曲は9曲。上記第5番以外を全て挙げる。

交響曲第1番
「巨人」という愛称でも知られる。マーラーの最初の交響曲。

交響曲第2番
5楽章まであり、声楽もつく、スケールの大きな大作。

交響曲第3番
全6楽章、100分前後という長大な交響曲。独唱と合唱も付く。

交響曲第4番
第4楽章はソプラノ独唱が付き、天国の楽しさを歌う。

交響曲第6番
「悲劇的」と呼ばれるが、「悲劇的な交響曲」という程度の意味。

交響曲第7番
全5楽章の長大な曲で、あまり演奏されない。

交響曲第8番
オーケストラと合唱、合計1000人前後で演奏する超大作。

交響曲第9番
静かに消え入るように終わる。交響曲ジャンルの到達点のひとつ。

マーラーの生涯

1860年、ボヘミアのカリシュトで生まれる。父は商人。生後間もなくイグラウへ移住。
0歳

ピアニストとしてイグラウ市立劇場でデビュー。
10歳

保養地バート・ハルの劇場で指揮者デビュー。
20歳

ウィーン音楽院へ入学。ピアノと作曲を専攻。
15歳

歌曲集『さすらう若者の歌』、完成。

プラハの王立ドイツ領邦劇場の次席楽長に。
25歳

ブダペストのハンガリー王立歌劇場の監督に。
28歳

　1860年、ボヘミアのカリシュトで、ユダヤ人の商人の子として生まれ、生後間もなくイグラウへ移住した。10歳でピアニストとしてデビューし、15歳でウィーン音楽院へ入学、ピアノと作曲を学んだ。作曲家を目指していたが、当面の生活のため、劇場の指揮者の仕事を始めたが、これが天職となり、カッセル、プラハ、ライプツィヒ、ブダペスト、ハンブルクの歌劇場の指揮者として働きながら、夏休みに作曲していた。

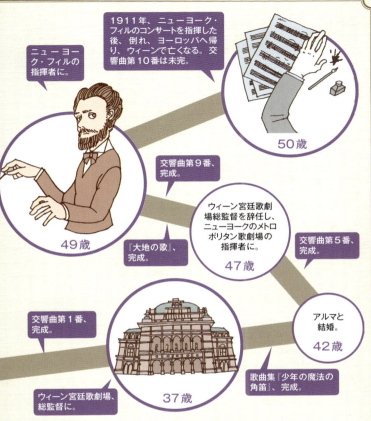

　1897年、37歳でヨーロッパ音楽界の頂点であるウィーン宮廷歌劇場の総監督に就任。42歳でアルマと結婚し、2女が生まれた。1907年、ウィーン宮廷歌劇場を辞め、ニューヨークに渡り、コンサート・オーケストラの指揮者として活動した。娘の死、妻の浮気などに苦しんだが、それらを乗り越え、これからというときに感染症にかかり、50歳で急死した。交響曲は9曲が完成し、10曲目は未完成となった。

近現代 (20世紀) の社会と音楽

新メディアの誕生と世界大戦

　クラシック業界で「現代音楽」と呼ばれるのは、第2次世界大戦後の1950年代から70年代くらいまでに書かれた、当時の「前衛的」な音楽のことだ。その時代に、たとえばソ連のショスタコーヴィチが書いた交響曲などは「現代の音楽」ではあるが、「現代音楽」とは呼ばれなかった。

　20世紀になると、ジャズやロックといった新しい音楽が生まれ、それこそが「現代の音楽」とも言える。音楽が多様化しており、「古典派」「ロマン派」のようにまとめて呼ぶことはできなくなっている。そのため「20世紀音楽」という言葉もある。

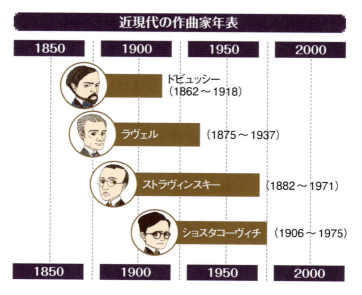

近現代の作曲家年表

- ドビュッシー (1862〜1918)
- ラヴェル (1875〜1937)
- ストラヴィンスキー (1882〜1971)
- ショスタコーヴィチ (1906〜1975)

20世紀前半の大事件は第1次世界大戦とロシア革命である。敗戦国であるドイツ帝国、オーストリア＝ハンガリー帝国、オスマン帝国では帝政が倒れ、共和政となった。ロシアは革命で帝政が倒れて、社会主義国が誕生した。

　かつての帝国に代わるようにして大国となったのがアメリカだ。多くの音楽家がヨーロッパからアメリカへ渡った。

　政治体制の変化だけではない。放送と録音という新しいメディアによって、音楽の聴かれ方も激変した。コンサートホールや歌劇場に行かなくても、家にいながらにしてクラシック音楽が聴けるようになったことは、「革命」以外のなにものでもない。

　音楽はパッケージ商品ともなり、より多くの人が気軽に聴けるようになったのである。

19世紀末から20世紀にかけて、これまでの音階のシステムや作曲技法とは異なる方法で書かれた、新しい音楽が生まれた。

フランスから始まる新しい音楽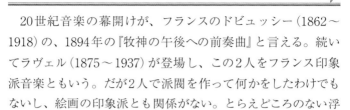

　20世紀音楽の幕開けが、フランスのドビュッシー（1862〜1918）の、1894年の『牧神の午後への前奏曲』と言える。続いてラヴェル（1875〜1937）が登場し、この2人をフランス印象派音楽ともいう。だが2人で派閥を作って何かをしたわけでもないし、絵画の印象派とも関係がない。とらえどころのない浮遊感と、色彩を感じさせる音楽から、「印象派」と呼ばれた。

　この2人が活躍したフランスで、1913年にロシアからやって来たストラヴィンスキー（1882〜1971）が、バレエ『春の祭典』を発表した。これこそが、ロシア革命に先行して起きた「音楽の革命」だった。不規則なリズムや不協和音などを駆使した、従来の音楽の基本を打ち破る曲で、当時は賛否両論となった問題作だった。

　20世紀初頭の美術は、フォーヴィズム（野獣派）、キュビズム、表現主義、シュプレマティズムなどさまざまな芸術運動が起こり、音楽も、その時代精神を反映し、従来の形式・様式を破壊した作品が生まれた。その「新しい音楽」を求める精神が、第二次世界大戦後の現代音楽につながった。

　最も大きな音楽の改革が無調音楽で、シェーンベルク（1874〜1951）が1920年代に確立した十二音技法である。

　20世紀は、クラシック音楽の高尚化が進み、「芸術のための芸術」としての音楽が作られるが、それらは過激化、先鋭化していくにつれ、理解できる者が少なくなってしまう。

　その一方、レコードと放送という新メディアによって音楽の商業化が進み、クラシック音楽も大衆化した。かつて貴族しか聴けなかった音楽を、労働者が家庭で聴けるようになった。

社会主義と音楽

1917年のロシア革命によって、社会主義国ソヴィエト連邦が誕生した。ソ連は社会主義でこそ優れた芸術が生まれると世界にアピールするため、音楽教育に熱心だった。ショスタコーヴィチをはじめ何人もの大作曲家、演奏家ではムラヴィンスキー、オイストラフ、リヒテル、ギレリスら多くの世界的名演奏家が生まれた。

一方、ラフマニノフのように、革命後、亡命してしまう音楽家も多かった。世界的ピアニストとなるホロヴィッツもソ連からの亡命組だった。戦後になっても、ソ連・東欧から亡命する音楽家がいた。生活が安定したとしても、自由の少ない国には暮らしたくないと考える芸術家は多かったのだ。

ソ連が生んだ作曲家・演奏家

作曲家

- ショスタコーヴィチ
- ハチャトゥリアン
- シュニトケ
  (二次大戦中に危険を感じ亡命)

演奏家

- ムラヴィンスキー
  (指揮者)
- オイストラフ
  (ヴァイオリニスト)
- リヒテル
  (ピアニスト)

亡命

作曲家

- ラフマニノフ
- ストラヴィンスキー
- プロコフィエフ
  (その後、帰国)

演奏家

- ホロヴィッツ
  (ピアニスト)
- アシュケナージ
  (ピアニスト)
- ロストロポーヴィチ
  (チェリスト)

ナチスと音楽

ヒトラーはワーグナー好きで知られる。またワーグナーは「反ユダヤ主義」の論文を書いたことがあり、ナチスはこれを悪用した。

1933年にヒトラーが首相となりナチスが政権を取ると、ドイツではユダヤ人音楽家が弾圧、追放された。メンデルスゾーンやマーラーの作品は演奏できなくなった。ユダヤ系の音楽家の多くが亡命し、アメリカへ渡り、映画音楽などで活躍した。

その一方、ナチスはバイロイト音楽祭やベルリン・フィルなどの名オーケストラは保護し、ドイツ民族が世界一であることをアピールするのにクラシックを利用した。

ナチス政権下、ドイツに留まったフルトヴェングラーやベーム、カラヤンたちは、戦後、その責任を問われることになったが、すぐに復権できた。

政治と芸術の関係は、単純なものではない。

**アドルフ・ヒトラー
（1889〜1945）**

青年時代からワーグナーのオペラに魅せられていた。政権を取ると、ワーグナー家が運営していたバイロイト音楽祭を財政面で援助した。ワーグナーの音楽はナチスと一体化したため、イスラエルではほとんど演奏されない。

国家か企業か

　18世紀までの音楽家は、教会、宮廷楽団、歌劇場に雇われ、19世紀になると富裕な市民層が音楽家を経済的に支えていたが、20世紀の音楽家たちは、国家と企業が支えた。

　社会主義国では、著名音楽家は特権を与えられ、自由に制限はあったが、売れるかどうかに関係なく作曲、演奏ができた。そのため、20世紀になってからも交響曲というシリアスな音楽が、ソ連では大量に生まれた。

　1989年の東欧革命とその後のソ連崩壊で、ヨーロッパの社会主義国はなくなった。国家によって保護されていた歌劇場やオーケストラは民営化された。

　ヨーロッパではオーケストラや歌劇場は国立・州立が多く、その前身をたどると宮廷楽団、宮廷歌劇場のケースも多い。したがって、クラシックの音楽家は国や自治体から補助金など公的資金を受けているところも多かった。20世紀になって生まれたのが放送交響楽団だ。欧米の放送局は専属楽団を持ち、クラシックを演奏させて放送するようになった。

　人々が豊かになると、音楽ビジネスは活況を呈した。マネージメント会社とレコード会社が、音楽家たちを経済的に支え、レコードとコンサート・ツアーと放送というビジネスを通して、クラシック音楽は普及した。

　こうして——全人口のなかではごく僅かな者しか聴いていなかったクラシック音楽は、国境も貧富の差も超えて、誰でも聴けるようになった。しかしモーツァルトやベートーヴェンのような大作曲家はもう二度と現れない。

ドビュッシー

(1862〜1918)

Claude Debussy

フランス

Profile

フランス印象派の代表。ピアノ曲が多いが、オペラ『ペレアスとメリザンド』、交響詩『海』など、作曲したジャンルは幅広い。文学に憧れていた音楽家で、文学者からの評価が高かった。女性関係は乱脈で波乱の人生。

ドビュッシーの人生パラメーター

名声はあり収入もあったが、浪費していた。「印象派」と呼ばれ、これまでにないタイプの音楽という点で破天荒。周囲を悲劇においやるタイプとしての悲劇度は高い。作品数は多くないが、演奏される率は高い。

代表曲
『牧神の午後への前奏曲』

1894年完成。ドビュッシーが敬愛していた詩人マラルメの「牧神の午後」のイメージを音楽にした。印象派と呼ばれる由来でもある、とらえどころのない、ぼんやりとした音楽で、ストーリーというよりシーンが浮かんでくる。

この名盤で聴く!

演奏:ダニエル・バレンボイム(指揮)、パリ管弦楽団
(UCCG-6188)

フランス音楽はパリのオーケストラで聴きたい。『管弦楽のための映像』も収録。

ドビュッシーの名曲

交響詩『海』
「海上の夜明けから真昼まで」「波の戯れ」「風と海の対話」と標題がついた3楽章の交響詩。写実的な音楽ではなく、絶対音楽という解釈もある。

『夜想曲』
「雲」「祭」「シレーヌ」の3曲からなる組曲的な管弦楽曲。

『ベルガマスク組曲』
「前奏曲」「メヌエット」「月の光」「パスピエ」の4曲からなるピアノ曲の組曲。第3曲「月の光」だけが演奏される機会も多く、ドビュッシーの代表作。

『版画』
「塔(パゴダ)」「グラナダの夕べ」「雨の庭」の3曲からなるピアノ曲集。

『喜びの島』
ロココ美術の画家ヴァトーの『シテール島への巡礼』にインスピレーションを得て作曲されたピアノ曲。

『映像』
全部で4集あり、第1集と第2集と第4集はピアノ曲、第3集は管弦楽曲。

『子供の領分』
6曲からなるピアノの組曲。ひとり娘が生まれた年に作曲された。

オペラ『ペレアスとメリザンド』
唯一の完成したオペラ。『青い鳥』を書いたメーテルリンクの戯曲のオペラ化で、10年の歳月をかけて作曲された大作。あまり上演されない。

ドビュッシーの生涯

0歳 1862年、パリ近郊に生まれる。父は職を転々とし、貧しい家。

5歳 一家でパリへ移住。

9歳 父がパリ・コミューンに参加し投獄。ピアノを学び始める。

10歳 パリ音楽院に入学。

18歳 チャイコフスキーの後援者メック夫人の旅行にピアニストとして同行。

23歳 ローマへ留学（1887年まで）。

　1862年、フランスのパリ近郊に生まれた。父は職を転々とする貧しい家に育ったが、9歳でピアノを習い始めると才能を見出され、パリ音楽院に入学した。22歳で作曲コンクールのローマ賞を受賞し、翌年、ローマへ留学した。詩に憧れており、象徴主義の文学者たちとの交流もあった。作品から受ける印象が印象派の絵に似ていることから、「フランス印象派」と呼ばれるが、印象派の画家たちと親しかったわけではない。

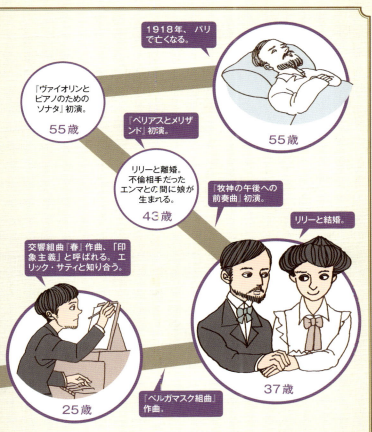

作品はピアノ曲が多いが、交響詩『海』、オペラ『ペレアスとメリザンド』も有名。

女性関係はかなり乱れており、年上の裕福な人妻との不倫が二回、正式な結婚は二回、10年近く同棲した女性を捨てて最初の結婚をしたが、不倫相手との間に子が生まれ、離婚。同棲していた女性と、最初の妻の二人が自殺未遂事件を起こした。娘を溺愛していたが、彼の死の翌年、14歳で亡くなった。

(1875〜1937)

ラヴェル

Maurice Ravel

フランス

Profile

フランス印象派で、『ボレロ』に象徴されるようにオーケストレーションの天才で「音の魔術師」の異名をとる。ピアノ曲も多い。年長の音楽家には理解されず、作曲コンクールでは落選を繰り返した、時代に先駆けた天才。

ラヴェルの人生パラメーター

フランスでの名声は高い。「ボレロ」一曲で破天荒度を稼ぎ、誰にも真似できなかったので、影響度は低い。ローマ賞落選や、交通事故など苦労と悲劇度は高いほう。作品数は多くないが、演奏される率は高い。

代表曲
ボレロ

1928年作曲。もともとはバレエのための音楽。物語も情景も何もない。同一のリズムで2つのメロディーが、さまざまな楽器で次々に繰り返されるだけの音楽なのだが、何度聴いても飽きない。ラヴェルの持つ魔術性が凝縮されている。

この名盤で聴く！

演奏:ヘルベルト・フォン・カラヤン（指揮）、ベルリン・フィルハーモニー管弦楽団
(UCCG-90683)

こういう曲は高性能オーケストラで聴きたいので、カラヤンとベルリン・フィル。

ラヴェルの名曲

『亡き王女のためのパヴァーヌ』
ラヴェルの代表作で、原曲はピアノ曲だが、管弦楽曲にも編曲されている。幻想的で美しい曲。

『水の戯れ』
「水」を音楽で表現したピアノ曲。

『ソナチネ』
3楽章形式のピアノ・ソナタ。あえて古典的な様式に回帰した作品。

『夜のガスパール』
フランスの詩人ベルトランの遺作詩集をもとにしたピアノ曲で、「オンディーヌ」「絞首台」「スカルボ」の3曲で構成されている。

『高雅で感傷的なワルツ』
8曲で構成されているピアノ曲。管弦楽曲版もある。

ピアノ協奏曲
晩年の作品で、1931年に完成。といっても、暗くなく、明るく華やかで叙情的でもある。

スペイン狂詩曲
「夜への前奏曲」「マラゲーニャ」「ハバネラ」「祭り」の4曲で構成されている管弦楽曲。スペインの音楽に影響を受けた作品。

『ダフニスとクロエ』
バレエだが、管弦楽曲の組曲に再構成された。幻想的で美しい曲。

ラヴェルの生涯

0歳 — 1875年、バスク地方で生まれ、ほどなくしてパリへ。父は技術者。

7歳 — ピアノを習い始める。

12歳 — 作曲を学び始める。

『亡き王女のためのパヴァーヌ』作曲。

24歳 — 指揮者としてデビュー。『水の戯れ』作曲。

30歳 — ローマ賞、五度目の挑戦でも落選。作家ロマン・ロランが抗議、音楽院院長のデュボワが辞任、「ラヴェル事件」と呼ばれる。

　1875年、フランスとスペインの両国にまたがるバスク地方で生まれ、ほどなくしてパリで暮らす。父は技術者だった。7歳でピアノ、12歳で作曲を学び始め、14歳でパリ音楽院に入学した。指揮者としてデビューした後、作曲コンクールのローマ賞に応募するが、斬新すぎたため、保守的な審査員が理解できず、5年連続して落選した。5回目では審査をめぐり論争となり、音楽院院長が辞任する騒動となった。

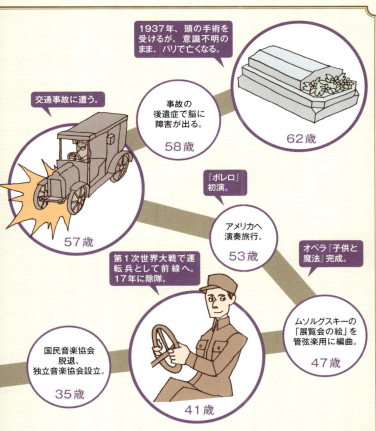

　ピアノ曲と管弦楽曲が多く、またムソルグスキーのピアノ曲『展覧会の絵』を管弦楽曲に編曲したことでも知られ、そのオーケストレーション技術は「音の魔術師」と称えられた。愛国者でもあり、第一次世界大戦が始まると、41歳だったが、志願して前線へ行った。アメリカへ演奏旅行し、ジャズと出会った。交通事故に遭い、その後遺症に苦しみ、脳の手術を受けたが意識不明となり62歳で亡くなった。生涯、独身だった。

ストラヴィンスキー

(1882〜1971)

Igor Fyodorovich Stravinsky

ロシア

Profile

『春の祭典』で音楽に革命をもたらしたが、原始主義、新古典主義、セリー主義（十二音技法）と、時期によって作風が変わった。20世紀前半の戦争と革命の時代に生き、ロシアからフランスを経てアメリカに落ち着いた。

ストラヴィンスキーの人生パラメーター

『春の祭典』は音楽の革命と言えるので、破天荒さは高い。アメリカに移ってからは経済的にも恵まれ、ロシアとの関係では悲劇的要素もあるが、そう強くはない。作品数は多いとは言えず、後世への影響度も低い。

第4章 作曲家とその時代（ロマン派〜近現代）

代表曲 『春の祭典』

1913年、バレエとして初演。複雑なリズムと不協和音という、当時としては前代未聞の音楽で賛否両論となったが、いまでは20世紀を代表する曲となった。バレエとしての上演よりも、コンサートで演奏されるほうが多い。

この名盤で聴く!

演奏:テオドール・クルレンツィス(指揮)、ムジカエテルナ
(SONY 88875061412)

新進指揮者とオーケストラの演奏。はじめて聴くような驚きのある革新的な演奏。

ストラヴィンスキーの名曲

バレエ『火の鳥』

1910年初演。ロシアの民話を原作としたバレエ。ストラヴィンスキー自身によって編曲されたコンサート月組曲もある。

バレエ『ペトルーシュカ』

1911年初演。タイトルのペトルーシュカは、わら人形が命を吹き込まれるというピノキオのような話。これもコンサート用組曲がある。

バレエ『ミューズを率いるアポロ』

1928年初演。アポロと3人のミューズしか出てこない、30分ほどのバレエ。

舞台作品『兵士の物語』

1918年に発表。第1次世界大戦とロシア革命の混乱のなかでの作品。朗読と演劇とバレエが融合された舞台劇。

『詩篇交響曲』

「詩篇」とは『旧約聖書』に収録されている150の神を賛美した詩で、それを歌詞とした交響曲。

3楽章の交響曲

3楽章までしかないのでこう呼ばれている交響曲。1945年初演で、第2次世界大戦のさなかに書かれた。

交響詩『ナイチンゲールの歌』

オペラ『ナイチンゲール』の音楽をストラヴィンスキー自身が再構成した交響詩。アンデルセンの『ナイチンゲール』が原作。

ストラヴィンスキーの生涯

1882年、サンクトペテルブルク近郊で生まれる。父はバス歌手。

0歳

ピアノを学び始める。
9歳

父の希望でサンクトペテルブルク大学法学部に入学。
19歳

従妹と結婚。

交響曲変ホ長調、完成。

24歳

　1882年、ロシアのサンクトペテルブルク近郊で生まれた。父は有名なバス歌手。9歳でピアノを学び始めたが、父は音楽家ではなく法律家にさせたく、サンクトペテルブルク大学法学部に入学した。在学中に音楽理論も学び、リムスキー゠コルサコフに師事して個人授業で作曲を学び、1909年、27歳で最初の交響曲を完成。バレエ団のディアギレフと知り合い、バレエの作曲を依頼され、1910年に『火の鳥』を書いて大成功した。

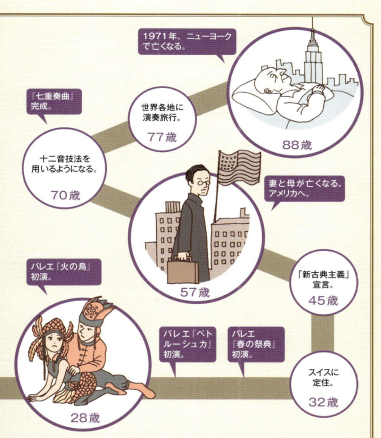

　1913年のバレエ『春の祭典』はあまりにも斬新だったため、毀誉褒貶、賛否両論の問題作となった。スイスで暮らしている間に、1917年、ロシアで革命が起きたため帰国できなくなり、スイス、フランスを経て、1940年にアメリカで暮らすようになり、45年に市民権を得た。戦後、日本を含め世界各地に演奏旅行をしていたが、1962年には80歳で革命後初めてソ連へ帰り、演奏した。結婚は二回。88歳で亡くなった。

ショスタコーヴィチ

(1906〜1975)

ソ連

Dmitrii Dmitrievich Shostakovich

Profile

ソ連時代のロシアを代表する作曲家。独特の社会体制の中で国家権力と常に緊張関係があり、没後、作品に込められた謎解きが盛んになっている。20世紀にあって古典派様式の交響曲や弦楽四重奏曲を書いた。

ショスタコーヴィチの人生パラメーター

名声を失った時期もあるが、亡くなった時点では最大級の名声を得ていた。ユニークな音楽という意味では破天荒で、誰にも真似できないので、影響度は低い。ソ連の粛清の時代を生きたので苦労度は高い。

代表曲

交響曲第 5 番

1937年作曲。オペラが批判され、干されていた時期に、起死回生をねらって書き、見事に復権した、分かりやすい名曲で、ショスタコーヴィチの最も有名な交響曲。ベートーヴェンの第5番のように、悲劇的苦悩から始まり、勝利で終わる。

この名盤で聴く!

演奏:エフゲニー・ムラヴィンスキー(指揮)、レニングラード・フィルハーモニー管弦楽団
(ALTHQ002)

この曲を初演し、最も多く演奏した指揮者とオーケストラが来日した時のライブ録音。

ショスタコーヴィチの名曲

交響曲第 4 番
1936 年に作曲されたが、あまりに前衛的で初演が中止になり 1960 年代にようやく初演された。いま聴いても斬新。

交響曲第 7 番『レニングラード』
第二次世界大戦中に書かれたスケールの大きな叙事詩的交響曲。

交響曲第 10 番
1953 年のスターリンの死の直後に発表された。陰鬱で聴いていて死にたくなるほど。音楽の到達点でもある。

ヴァイオリン協奏曲第 1 番
交響曲第 10 番の姉妹編のようで、この曲も暗い。

ピアノ曲「24 の前奏曲とフーガ」
全曲を演奏すると 3 時間を超える大作。バッハの「平均律クラヴィーア曲集」にならって、24 の調性を網羅した。

弦楽四重奏曲第 8 番
15 ある弦楽四重奏曲のなかで最も有名。「ファシズムと戦争の犠牲者の想い出」に捧げた曲でもあり、暗い。

オペラ『ムツェンスク郡のマクベス夫人』
20 世紀のオペラの最高傑作であり、最大の問題作。レイプ、不倫、暴力とタブーを描いており、ソ連共産党が批判した、いわくつきの作品。

ショスタコーヴィチの生涯

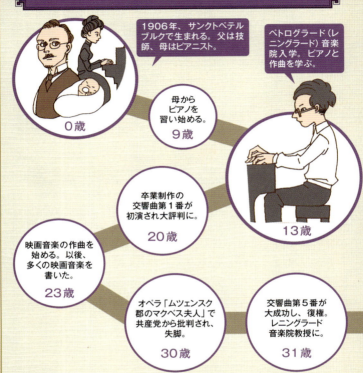

1906年、サンクトペテルブルクで生まれる。父は技師、母はピアニスト。
0歳

母からピアノを習い始める。
9歳

ペトログラード(レニングラード)音楽院入学。ピアノと作曲を学ぶ。
13歳

卒業制作の交響曲第1番が初演され大評判に。
20歳

映画音楽の作曲を始める。以後、多くの映画音楽を書いた。
23歳

オペラ「ムツェンスク郡のマクベス夫人」で共産党から批判され、失脚。
30歳

交響曲第5番が大成功し、復権。レニングラード音楽院教授に。
31歳

　1906年、ロシアのサンクトペテルブルクで生まれた。父は技師、母は元ピアニストで、9歳で母からピアノを習い始めた。13歳でペトログラード音楽院に入学し、ピアノと作曲を学んだ。父が亡くなると、家計を支えるために映画館でピアノを弾くアルバイトをしながら音楽院に通い、20歳で卒業制作で書いた交響曲第1番が大評判になった。ピアニストとしても、1927年の第1回ショパン国際ピアノコンクールに出場した。

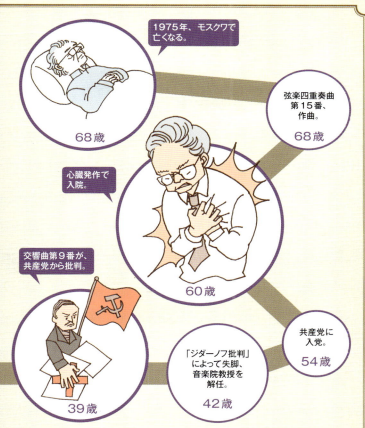

　1934年にオペラ『ムツェンスク郡のマクベス夫人』が初演され、大成功したが、2年後に共産党から批判され、失脚した。しかし交響曲第5番が成功して復権、第二次世界大戦中の『レニングラード交響曲』は世界的に有名になった。一党独裁の国家で、失脚と復権を繰り返したが、ソ連を代表する作曲家として、68歳で亡くなった。15の交響曲と弦楽四重奏曲の他、映画音楽も手がけた。結婚は三回で、長男は指揮者になった。

さらに知っておきたい
ロマン派以後の25人の作曲家

19世紀以降になると、イタリア、ドイツだけでなく、
東欧、北欧、ロシア、さらにアメリカでも、
大音楽家が生まれた。
25人の作曲家の簡単なプロフィールと、
代表曲1曲を紹介する。

1 エクトール・ベルリオーズ (1803～1869)
Louis Hector Berlioz　フランス

　フランスのロマン派の巨匠。医学の勉強をしにパリへ出て来たが、大都会で音楽の魅力に取り憑かれ音楽家になった。人気女優にひと目惚れし、その思いを音楽にしたのが『幻想交響曲』。後にその女優と結婚するが離婚。音楽も人生も波瀾万丈の人。

『幻想交響曲』

「夢・情熱」「舞踏会」「野の風景」「断頭台への行進」「サバトの夜の夢」という5つの楽章で構成されるドラマチックな交響曲。標題音楽のなかでは分かりやすいほう。

(1809〜1847)
❷ フェリックス・メンデルスゾーン
Jakob Ludwig Felix Mendelssohn Bartholdy

ドイツ

　銀行家の息子で美青年、そして音楽の天才。10代から作曲家、ピアニストとして活躍。指揮者としても、「過去の名曲」を演奏することを本格的に始め、バッハの再評価を果たした。姉ファニーも音楽の才能があったが、当時は女性への偏見が根強く、活躍できなかった。

『ヴァイオリン協奏曲』

冒頭の哀愁を帯びたメランコリックなメロディーが有名。このジャンルを代表する曲でもある。

(1810〜1856)
❸ ロベルト・シューマン
Robert Alexander Schumann

ドイツ

　ドイツ・ロマン派の代表。妻はピアニストで作曲家のクララ・シューマン。音楽史上初の音楽家夫婦。指揮者でもあり、音楽評論誌の編集者、評論家でもあった。晩年は精神を病んで、亡くなった。

『謝肉祭』

ピアノ独奏曲集で20曲からなるが、全体で25分前後。1曲ごとに「ピエロ」「蝶々」などタイトルが付いていて、親しみやすい。

❹ ベドジフ・スメタナ （1824～1884）

Bedrich Smetana

チェコ

チェコの国民的作曲家。指揮者としても活躍した。チェコの独立を願い、民族主義的な音楽を書いた。

『わが祖国』

「ヴィシェフラド（高い城）」「モルダウ」「シャールカ」「ボヘミアの森と草原から」「ターボル」「ブラニーク」の6つの交響詩からなる組曲。チェコの風景、歴史、伝説を音楽で表現したもので、第2曲『モルダウ』はとくに有名。「名曲アルバム」の定番。

❺ アントニーン・ドヴォルザーク （1841～1904）

Antonín Leopold Dvořák

チェコ

チェコの国民楽派。宿屋の子として生まれ、父の反対を押し切って音楽家になった。作曲家として認められたのは30を過ぎてからで遅咲き。アメリカの音楽院に院長として招聘されて渡米。

交響曲第9番『新世界より』

アメリカ滞在が生んだ名曲。「新世界」とはアメリカのことだが、アメリカを描いたわけではない。第2楽章は『家路』として知られている。

⑥ ヤン・シベリウス (1865〜1957)

Jean Sibelius

フィンランド

　フィンランドの国民楽派。医師の子だったが、父は早くに亡くなった。ロシア帝国の支配からの独立運動にも関わり、愛国的な交響詩を多く作った。長寿だが、1925年以降は作曲しなかった。7曲の交響曲とヴァイオリン協奏曲も名曲で、よく演奏される。

『フィンランディア』

フィンランドの「第二の国歌」とまで言われる曲で、雄大なスケールで始まる交響詩。フィンランドへ行った気分になれる。

⑦ エドヴァルド・グリーグ (1843〜1907)

Edvard Hagerup Grieg

ノルウェー

　ノルウェーの国民楽派。スウェーデン統治下の時代に生まれ、1905年の独立を見届けて亡くなった。『ペール・ギュント』も有名。

ピアノ協奏曲

冒頭、ティンパニが響いたかと思うと、ピアノが崩れ落ちるようなメロディーを奏でて、始まる。ドラマチックで悲劇的な曲。

⑧ カール・ニールセン (1865〜1931)

Carl August Nielsen

デンマーク

デンマークの国民的作曲家。父はアマチュア音楽家だった。軍楽隊、音楽院を経て歌劇場の管弦楽団のヴァイオリニストに。オペラや交響曲を作曲し、人気作曲家となった。

交響曲第4番『不滅』

正確には「滅ぼし得ぬもの」という意味だが、日本のクラシック音楽ファンは漢字2文字が好きなので「不滅」と呼ばれる。この題のおかげで日本ではニールセンの曲の中で最も人気がある。悲劇的でドラマチックな曲。

⑨ カミーユ・サン=サーンス (1835〜1921)

Charles Camille Saint-Saëns

フランス

2歳半でピアノ、3歳で作曲という神童。ピアニスト、オルガニスト、指揮者でもあった。40歳で19歳の女性と結婚。しかし子供が亡くなり別居、世界中を旅するという波乱の人生。オペラから交響曲、ピアノ曲まであらゆるジャンルの曲を書いた。

『動物の謝肉祭』

14の曲からなる室内楽曲集。ファミリー・コンサートの定番曲で、いろいろな動物が描写される。第13曲『白鳥』がとくに有名。

10 ジョルジュ・ビゼー

(1838〜1875)

Georges Bizet

フランス

　両親ともに音楽家で、9歳でパリ音楽院に入学した天才少年。36歳の若さで敗血症で亡くなり、死後、名声を得た。『アルルの女』でも知られる。

『カルメン』

最も有名なオペラのひとつ。情熱的なヒロインをめぐる二つの三角関係がもたらす悲劇。劇中で歌われる「ハバネラ」「闘牛士の歌」「花の歌」なども有名。

11 エリック・サティ

(1866〜1925)

Erik Alfred Leslie Satie

フランス

　海運業者の子として生まれる。パリ音楽院に入るが、退屈なので退学。酒場でピアノを弾くという、クラシックらしからぬ経歴の異端の作曲家。『最後から2番目の思想』『官僚的なソナチネ』など変わったタイトルのピアノ曲を多く書いた。

『ジムノペディ』

3曲で構成されるピアノ独奏曲。「ゆっくりと苦しみをもって」「ゆっくりと悲しみを込めて」「ゆっくりと厳粛に」という指示がある。映画やテレビドラマの音楽として使われることも。不思議な雰囲気の曲で、「こういうのもクラシックなのか」という驚きがある。

12 ジュゼッペ・ヴェルディ

(1813〜1901)

Giuseppe Fortunino Francesco Verdi

イタリア

　宿屋の子として生まれた。早くに結婚したが妻子とも失くすという悲劇。ワーグナーと同年生まれで、同じようにオペラを改革した。オペラ以外では『レクイエム』も有名。国会議員でもあり、亡くなった時は国葬だった。

『アイーダ』

エジプトのスエズ運河開通記念の式典のために作られた、歴史劇であり大恋愛劇でもある。スペクタクルなシーン、ラブシーン、三角関係とオペラのあらゆる要素が詰まった名作。

13 ジャコモ・プッチーニ

(1858〜1924)

Giacomo Antonio Domenico Michele Secondo Maria Puccini

イタリア

　先祖代々教会音楽家だったが、オペラの作曲家になった。『トスカ』『蝶々夫人』『トゥーランドット』『マノン・レスコー』『西部の女』『ジャンニ・スキッキ』など合計10作しか書かなかったが、どれも名作。

『ラ・ボエーム』

貧乏な男女4人の悲恋。ミュージカル『レント』の原作でもある。19世紀のパリのカルチェラタンが舞台で、貧乏絵描きと詩人、お針子、歌手が主人公の青春物語。

(1824〜1896)

14 アントン・ブルックナー
Joseph Anton Bruckner

オーストリア

　長い交響曲ばかり書いたことで有名。オルガン奏者の子として生まれたが、父が幼い頃に亡くなり、苦労した。作品もなかなか認められなかったが、最後には音楽界の地位も安定。恋の話もなく独身を通し、地味な生涯。

交響曲第4番『ロマンティック』

ブルックナーの交響曲としては1時間前後と「短い」のと、「ロマンティック」という通称から人気がある。恋の物語を描いた曲ではない。

(1864〜1949)

15 リヒャルト・シュトラウス
Richard Georg Strauss

ドイツ

　第2次世界大戦後まで生きた「20世紀の作曲家」だが、「最後のドイツ・ロマン派」と呼ばれる。歌劇場のホルン奏者の子として生まれた。オペラと交響詩という、20世紀には時代遅れになっていたジャンルを多く書いた。

『ツァラトゥストラはこう語った』

映画『2001年宇宙の旅』の冒頭の音楽に使われている。ニーチェの哲学書を音楽にした、これぞロマン派の標題音楽の頂点である。宇宙的スケールの音楽。

(1839〜1881)

⑯ モデスト・ムソルグスキー
Modest Petrovich Mussorgsky

ロシア

ロシアの地主の子として生まれ、士官学校から近衛連隊へ入る。成人してから音楽家になろうと決意し、「ロシア5人組」を結成した。農奴解放で実家が解体の憂き目にあうなど、歴史に翻弄された。

『展覧会の絵』

ピアノ曲だが、後にラヴェルが管弦楽曲に編曲し、そちらも有名。知人の展覧会を見に行き、10枚の絵の「印象」を音楽にした。どんな絵なのか知らなくても楽しめる。

(1844〜1908)

⑰ ニコライ・リムスキー=コルサコフ
Nikolai Andreyevich Rimsky-Korsakov

ロシア

貴族の生まれで海軍に入り、その後に音楽に目覚め、「ロシア5人組」のひとりに。指揮者、音楽院教授としても活躍。貴族でありながら、学生の革命運動に同情的で、帝政に批判的だった。交響曲、管弦楽曲、オペラなどジャンルも多彩。

『シェエラザード』

『千夜一夜物語』を音楽にした交響組曲で、4曲で構成されている。ロシア的というより、アラビア的で、絢爛豪華で濃密な音楽世界が展開される。

18 セルゲイ・ラフマニノフ
Sergei Vasil'evich Rachmaninov

(1873〜1943)

ロシア

ロシア貴族の家に生まれたが、父が事業に失敗して没落し、ピアニスト、作曲家、指揮者となった。ロシア革命後、混乱を嫌って亡命し、アメリカで暮らす。20世紀最高のピアニストでもあり、作品はピアノ曲が大半だが、交響曲もある。

ピアノ協奏曲第2番

20世紀最初の年である1901年に完成、初演。弔いの鐘の音のようなピアノの響きで始まる。雄大でメランコリックで、あまりにメロディアスなので「通俗」と批判されたほどだが、近年、再評価されている。

19 セルゲイ・プロコフィエフ
Sergei Sergeevich Prokofiev

(1891〜1953)

ロシア

貴族の農場管理人の子として生まれた。交響曲、協奏曲、ピアノ・ソナタ、オペラなど、18世紀の作曲家のようなジャンルの曲を書いた。ロシア革命後、亡命し日本に滞在したこともある。帰国し、ソ連の音楽家として活躍した。

『ロメオとジュリエット』

あまりにも有名なシェイクスピアの悲劇をバレエにしたもの。後にプロコフィエフ自身によって、コンサート用に編曲された管弦楽組曲のほうが有名。

(1874〜1951)

⑳ アルノルト・シェーンベルク

Arnold Schönberg

オーストリア

「20世紀音楽」のひとつ、調性のない十二音技法を確立した。ヴェーベルン、ベルクとともに「新ウィーン楽派」と呼ばれた。ユダヤ人で、ナチス政権になると亡命して、アメリカで亡くなった。

『浄められた夜』

弦楽六重奏曲だが、弦楽合奏に編曲されオーケストラで演奏されることもある。デーメルの詩が原作で、月の下の男女の語らいを音楽にしたもの。まだ十二音音楽になる前の作品なので聴きやすいが、「新しさ」の気配もある。

(1881〜1945)

㉑ ベーラ・バルトーク

Bartók Béla Viktor János

ハンガリー

教師でアマチュア音楽家の子として生まれ、ピアニストになるため音楽院で学んだ。ハンガリーの民族音楽の研究家でもあった。ナチス・ドイツのハンガリー侵攻から逃れるため亡命し、アメリカで亡くなった。

管弦楽のための協奏曲

アメリカへ移住してからの1943年の作品。5つの楽章からなり、全曲を通してひとりの独奏者がいるわけではないので、見た目は交響曲だが、注意して聴くと、それぞれの楽器が独奏楽器のようでもある。

㉒ グスターフ・ホルスト

Gustav Holst

(1874〜1934)

イギリス

　ピアノ教師の子として生まれ、ピアニストを目指していたが、右手を故障して断念。生活のため女学校の音楽教師をしていた。有名なのは『惑星』だけと言っていい。

『惑星』

『火星』『金星』『水星』『木星』『土星』『天王星』『海王星』の7曲による管弦楽組曲。第二次世界大戦後、人気が出た。占星術に影響されて書かれたもの。ホルスト自身は「標題音楽ではない」と言っている。

㉓ ベンジャミン・ブリテン

Edward Benjamin Britten

(1913〜1976)

イギリス

　歯科医の父と歌手の母の間に生まれ、幼少期から作曲をした神童。写真のある作曲家の中で、おそらく最もハンサムな人。20世紀の作曲家だが、オペラを数多く書いた。

『ピーター・グライムズ』

第2次世界大戦が終わった年に初演された、ブリテンの最初のオペラにして最高傑作。閉鎖的な海辺の村が舞台で、シリアスな社会派。作中の間奏曲がコンサート用の『4つの海の間奏曲』に編曲され、よく演奏される。

㉔ ジョージ・ガーシュウィン

George Gershwin

(1898〜1937) アメリカ

ロシア系ユダヤ人の移民の子としてニューヨークで生まれた。兄は作詞家で、ガーシュウィンが作曲してポピュラー・ソングを多く作った。最初の「アメリカ音楽」の作曲家。脳腫瘍で38歳の若さで急逝。

『ラプソディ・イン・ブルー』

独奏ピアノとオーケストラの曲なので、ピアノ協奏曲的。ジャズとクラシック音楽を融合させた音楽として、大成功した。いかにもアメリカらしい音楽。

㉕ レナード・バーンスタイン

Leonard Bernstein

(1918〜1990) アメリカ

20世紀アメリカのあらゆるジャンルを超えたスーパースター。ブロードウェイ・ミュージカルからシリアスな交響曲、オペラまで作曲し、ピアニストでもあり、世界最高の指揮者のひとりで、平和運動家でもあった。

『ウエストサイド物語』

映画にもなった、最も成功したブロードウェイ・ミュージカルだが、近年はオペラハウスでも上演される「クラシック」と認識されている。バーンスタイン自身が、コンサート用に編曲した組曲もあり、よく演奏される。